GÉOGRAPHIE ÉLÉMENTAIRE

DE L'ALGÉRIE

ALGER. — TYPOGRAPHIE ADOLPHE JOURDAN

NOUVELLE BIBLIOTHÈQUE ALGÉRIENNE

COLLECTION ADOLPHE JOURDAN

GÉOGRAPHIE

ÉLÉMENTAIRE

DE L'ALGÉRIE

A L'USAGE

des classes élémentaires des Lycées,
Collèges, Écoles primaires, etc.

PAR MM.

MAURICE WAHL
*Professeur agrégé d'histoire
au Lycée d'Alger,
Ancien élève de l'École normale
supérieure*

MOLINER-VIOLLE
*Instituteur public à Alger,
Membre
de la Société de Climatologie*

ALGER

LIBRAIRIE CLASSIQUE ADOLPHE JOURDAN
IMPRIMEUR LIBRAIRE DE L'ACADÉMIE

PRÉFACE

Cet ouvrage est dédié à la jeunesse algérienne ; c'est pour elle qu'il a été fait.

Nous n'avons point la prétention d'offrir au public un travail d'érudition ; nos visées sont moins hautes. Nous avons voulu simplement, en mettant à profit ce qui a été fait jusqu'à présent, en utilisant les documents officiels et les renseignements particuliers, donner un ouvrage qui puisse servir à l'instruction élémentaire.

Pour l'étude de la géographie, deux choses sont également nécessaires : le *livre* et l'*atlas*. Nous avons fait l'un et l'autre sur le même plan et dans les mêmes proportions. Notre petit atlas et notre petite géographie se complètent et s'éclairent mutuellement, l'un montre ce que l'autre explique. L'élève pourra et devra suivre sur la carte les indications fournies par le livre : ses notions sur l'emplacement et l'importance relative des localités en seront plus précises et plus nettes. De même, il retrouvera dans le livre, avec les développements et les renseignements qui s'y rapportent, les noms que lui présente la carte. La double possession de l'atlas et du livre facilite aussi la tâche du maître ; elle lui permet d'organiser de petits exercices de recherches, plus tard de dessin géographique, exercices qui ont l'avantage d'amuser l'enfant, de le familiariser peu à peu avec la carte et de l'habituer à s'y orienter facilement.

Tout en nous renfermant dans les limites de l'enseignement primaire, nous essayons de fournir à l'enfant autre chose que des énumérations de noms propres. Pour nous, l'étude de la géographie, comme toutes les autres, comprend deux parties bien distinctes : 1º présenter aux yeux et fixer dans la mémoire un certain nombre de faits dont la connaissance est indispensable ; c'est en quelque sorte la partie mécanique de cet enseignement ; — 2º réunir autour de ces faits particuliers les notions générales qui s'y rapportent, provoquer l'éveil de l'intelligence, l'effort personnel de la réflexion. C'est la partie élevée de tout enseignement, c'est par là que l'enfant se forme et s'instruit vraiment, en prenant conscience de lui-même et de ce qui l'entoure.

A la première partie de ce programme répondent les résumés que nous avons placés en tête de chaque leçon. Les noms les plus importants y sont réunis et classés dans une liste que l'élève devra apprendre par cœur et savoir parfaitement. Quant aux développements qui suivent les résumés, ils en sont l'explication et le commentaire. Ici l'on pourra se contenter d'une lecture accompagnée, s'il est nécessaire, de quelques éclaircissements. On remarquera que dans ces développements nous ne nous sommes pas bornés à placer près de chaque nom quelques détails statistiques ou descriptifs. Parlonsnous des forêts, nous disons d'abord ce que c'est qu'une forêt, quelle en est l'utilité, la bienfaisante influence; ensuite, seulement, nous examinons la question pour ce qui concerne l'Algérie. La géographie générale, si dédaigneusement reléguée d'habitude dans les chapitres supplémentaires où personne ne va la chercher, vient ainsi se mêler à la géographie particulière pour l'élargir et l'éclairer. Tous ces mots qui trop souvent ne sont pour l'enfant qu'un assemblage de syllabes dont il ne connaît point le sens, se trouvent définis et expliqués et répondent désormais dans son esprit à des notions positives.

L'étude de la géographie algérienne devient ainsi l'occasion d'une autre étude plus générale. Bien loin d'en être amoindrie, elle y gagne en précision et en lumière. Dans la géographie physique, l'enfant n'apprendra pas seulement les noms des caps, des montagnes, des cours d'eau de la terre natale; il saura aussi ce qu'est une montagne, un cours d'eau et les avantages ou les inconvénients que présentent en Algérie ces accidents géographiques. Puis vient la partie politique où l'élève n'apprend plus uniquement quelques divisions administratives plus ou moins éphémères, mais où on lui enseigne qui il est lui-même, d'où il vient, comment il est gouverné. Enfin, dans la partie économique, il voit agir l'une sur l'autre la force naturelle représentée par le sol, et la force humaine représentée par la société. En même temps qu'on lui énumère les principales ressources du pays où il vit, on essaye de lui expliquer l'agriculture, l'industrie, le commerce, qui sont dans la société comme les grands phénomènes physiques dans l'ordre naturel.

C'est d'après ces idées que nous avons travaillé, essayant d'appliquer à l'Algérie et à notre enseignement primaire la méthode féconde par laquelle un maître de la science, Élisée Reclus, a renouvelé la géographie universelle. Nous serons heureux si notre modeste ouvrage peut être de quelque utilité, et s'il nous est donné de contribuer ainsi, pour notre faible part, au progrès de l'instruction algérienne.

W. et M. V.

GÉOGRAPHIE ÉLÉMENTAIRE

DE

L'ALGÉRIE

GÉOGRAPHIE PHYSIQUE

Iʳᵉ LEÇON

RÉSUMÉ

Situation. L'Algérie est située entre le 37°
et le 32° degré de latitude nord, entre le 5°
de longitude ouest et le 6° de longitude est.
Elle fait partie de l'Afrique. Elle est à 660
kilomètres de la France.

Bornes. Elle est bornée au nord par la
Méditerranée, à l'est par la Tunisie, au sud
par le Sahara, à l'ouest par le Maroc.

Étendue. Elle a environ 66 millions d'hectares.

DÉVELOPPEMENT

Position. Déterminer la position d'un
pays, c'est dire dans quelle partie de la
terre il se trouve situé. Pour cela on indique d'abord sa latitude et sa longitude.

La latitude d'un lieu, c'est la distance où il se trouve d'un cercle appelé l'*Équateur*, qui est tracé sur le globe terrestre et qui est également éloigné des deux pôles. L'espace qui se trouve entre l'équateur et le pôle nord s'appelle hémisphère boréal, l'espace qui se trouve entre l'équateur et le pôle sud s'appelle hémisphère austral. Chaque hémisphère est divisé en 90 parties égales qu'on appelle degrés. Un degré de latitude comprend à peu près 111 kilomètres. Quand je dis que l'Algérie est entre le 37° et le 32° degré de latitude nord, cela signifie : d'abord que l'Algérie est au nord de l'équateur, c'est-à-dire dans l'hémisphère boréal, ensuite que l'Algérie est située entre deux lignes, dont l'une est à 32 fois 111 kilomètres, soit 3552, dont l'autre à 37 fois 111 kilomètres, soit 4107 de l'équateur.

On appelle longitude d'un lieu la distance de son méridien au méridien de Paris. Les méridiens sont des cercles tracés sur le globe terrestre et passant par les pôles, par conséquent perpendiculaires à l'équateur. Le méridien de Paris divise aussi le globe terrestre en deux hémisphères : hémisphère oriental à l'est, hémisphère occidental à l'ouest. Ces hémisphères sont partagés en degrés. Seulement, comme les méridiens vont tous se rejoindre aux pôles, la valeur des degrés de longitude n'est pas fixe. Leur étendue diminue à mesure qu'on se rapproche des pôles. Quand je dis que l'Algérie est entre le 5° degré de longitude ouest et le 6° degré de longitude est, cela signifie qu'une partie de ce pays est dans l'hémisphère occidental, l'autre dans l'hémisphère oriental. Cela signifie aussi que le méridien de Paris la coupe à peu près par le milieu.

Donner la latitude et la longitude d'un pays, c'est déterminer sa position *absolue*, sans tenir compte des autres contrées. On peut aussi se faire une idée de sa situation en déterminant sa position *relative*, c'est-à-dire en faisant connaître la partie du monde à laquelle il appartient et la distance qui le sépare de tel autre pays bien connu. Ainsi nous dirons que l'Algérie fait partie de l'Afrique qui autrefois formait avec l'Europe et l'Asie l'ancien continent, qui au-

jourd'hui depuis le percement de l'isthme de
Suez paraît constituer un continent séparé.
Nous dirons ensuite que l'Algérie est à 660
kilomètres de la France, celui de tous les
pays d'Europe que nous connaissons le
mieux et qui nous intéresse le plus, parce
qu'il est notre *patrie*. Bien entendu, cette
distance de 660 kilomètres n'est pas celle
de tous les points de l'Algérie à tous les
points de la France. C'est la plus petite
distance entre les deux pays, celle qui existe
entre la côte algérienne et la ville de Port-
Vendres (Pyrénées-Orientales).

Bornes. Un terrain, une propriété a des limites; il en est de même pour un pays. Les
bornes d'un pays sont ou *naturelles* ou *conventionnelles*. Au nord de l'Algérie il y a une
limite naturelle : la mer Méditerranée; au sud
le désert qui est lui aussi une mer, mer de
sable ou de poussière, est encore une limite
à peu près naturelle. Au contraire, à l'est
et à l'ouest l'Algérie touche à des pays dont
elle n'est séparée ni par une mer, ni par de
grandes montagnes, ni par de larges fleuves; de plus ces pays sont cultivés et habi-

tés. Il a donc fallu s'entendre comme on fait entre propriétaires voisins et adopter des limites *conventionnelles*.

Étendue. Quand on a un champ, l'on aime à en connaître l'étendue, et pour cela on le mesure. On mesure aussi un pays. Seulement dans ce cas l'opération n'est pas toujours facile, surtout quand il y a dans ce pays de vastes espaces encore à peu près inconnus. Pour l'Algérie on n'a pas jusqu'à présent des chiffres certains. On *croit* qu'elle a à peu près 66 millions d'hectares. Tout le monde sait ce que c'est qu'un hectare; on voit fréquemment des propriétés de 30 hectares; l'Algérie a donc à peu près 2,200,000 fois la même étendue.

Questionnaire.

Quelle est la situation de l'Algérie?

Qu'est-ce qu'une latitude?

Qu'est-ce qu'une longitude?

A quel continent appartient l'Algérie?

Quelle est la distance entre l'Algérie et la France?

Quelles sont les bornes de l'Algérie?

Qu'est-ce qu'une limite naturelle?

Qu'est-ce qu'une limite conventionnelle?

Quelle est l'étendue de l'Algérie?

IIe LEÇON

RÉSUMÉ

Divisions naturelles. L'Algérie se divise
en trois régions : le Tell, les Hauts-plateaux
et le Sahara.

Climat. Le climat est méditerranéen dans
la 1re région, continental dans la 2e, saha-
rien dans la 3e.

Principales productions. Le Tell donne
les productions de l'Europe méridionale,
les Hauts-plateaux celles des pays tempérés,
le Sahara celles du désert.

DÉVELOPPEMENT

Divisions naturelles. Toutes les parties
d'un même pays ne sont pas absolument
semblables. Quelquefois elles diffèrent complétement par l'aspect, par la nature du sol,
par le climat, par les produits. Quand ces
différences sont très-frappantes, on dit
qu'elles constituent des divisions naturelles
ou *régions*.

Il y a en Algérie trois régions. La première région ou Tell s'étend entre la côte et une ligne qui, partant de la frontière tunisienne, passe par Constantine, ensuite un peu au nord de Msila, puis un peu au sud de Boghar, touche à Tiaret, à Sebdou et va rejoindre la frontière marocaine. Le Tell occupe environ 15 millions d'hectares, c'est-à-dire un peu moins du quart de la surface totale de l'Algérie. C'est un pays d'aspect très-varié; il comprend à la fois des plaines (plaine de Bône, Mitidja, plaine du Chélif) et des montagnes (Djurjura, Ouarensenis, etc.). C'est de beaucoup la partie la plus fertile et la plus riche de l'Algérie.

La seconde région ou région des Hauts-Plateaux s'étend entre la limite méridionale du Tell et une autre ligne qui, partant de la frontière tunisienne, passe près de Biskra dans le département de Constantine, près de Laghouat dans le département d'Alger, près de Brizina et de Moghar dans le département d'Oran. Plus étroite à l'est, elle s'élargit à mesure qu'on s'avance vers l'ouest. Elle occupe environ 8 millions d'hectares, c'est-à-dire un peu moins de la huitième partie de l'Algérie. Comme son nom l'indique, cette région est occupée par des plateaux ou plaines élevées supportées par des montagnes. Le sol semé de lacs et de chotts y est beaucoup moins fertile que dans le Tell.

La troisième région ou Sahara algérien se confond au sud avec le Sahara proprement dit ou Grand-Désert. C'est un pays généralement sablonneux et infertile. Par son aspect, il ressemble à la mer ; comme la mer, il a ses îles : les oasis. Les oasis sont les points du désert où la présence de l'eau amène la végétation et où la végétation amène la population.

Climat. Le climat résulte de plusieurs causes : 1° la position du pays par rapport à l'équateur où l'action du soleil se fait le plus vivement sentir. C'est pour cela que dans l'hémisphère boréal le climat est généralement plus chaud à mesure qu'on va vers le sud. Le contraire arrive dans l'hémisphère austral. 2° La proximité plus ou moins grande de la mer. La mer en effet adoucit presque toujours le climat des pays qu'elle avoisine. L'humidité qu'elle dégage, ses brises, ses courants, sont également contraires aux trop grands froids et aux trop grandes chaleurs. 3° L'altitude ou l'élévation du sol au-dessus du niveau de la mer. En général les pays de montagnes et les hautes terres ont une température plus froide et aussi plus saine que les autres régions.

Il y a encore beaucoup d'autres causes qui agissent en bien ou en mal sur le climat : ainsi la présence des eaux stagnantes est funeste, au contraire les eaux courantes, des forêts et en général les cultures assainissent une contrée.

En Algérie, le climat varie suivant les régions. Le Tell est la partie la plus éloignée de l'équateur ; l'influence de la mer qui le baigne au nord, celle des montagnes qui le couvrent au sud, s'y font également sentir. Aussi son climat est-il tempéré, plus doux et plus humide sur le littoral, plus froid et plus sec dans les montagnes. — Les Hauts-Plateaux éloignés de la mer ont un climat continental, c'est-à-dire extrême, très-froid en hiver, très-chaud en été. — Dans le Sahara, où l'on se trouve plus rapproché de l'équateur, où l'on ressent, au lieu de la fraîcheur de la mer, l'action des sables ardents du désert, la chaleur est extrême et presque intolérable en été. Cependant même dans cette région le climat n'est pas malsain. Il est généralement très-salubre dans toute l'Algérie.

Principales productions. Comme le climat dont elles dépendent en grande partie, les productions en Algérie varient suivant les régions. Le Tell, placé à peu près dans les mêmes conditions que les contrées de l'Europe méridionale, produit comme elles des céréales, des olives, des oranges, etc. La région des Hauts-Plateaux qui ressemble fort par son climat aux pays tempérés, leur ressemble aussi par ses produits. Elle donne des céréales, des plantes fourragères et nourrit des troupeaux de moutons. Dans le Sahara la production principale est le palmier à dattes, et les espèces animales les plus nombreuses sont les chameaux, les gazelles et les autruches.

Questionnaire.

Qu'est-ce qu'une région ?

Qu'est-ce que le Tell ?

Qu'est-ce que les Hauts-Plateaux ?

Qu'est-ce que le Sahara ?

Qu'est-ce que le climat ?

Quel est le climat du Tell ?

Quel est le climat des Plateaux ?

Quel est le climat du Sahara ?

Quelles sont les productions du Tell ?

Quelles sont les productions des Plateaux ?

Quelles sont les productions du Sahara ?

IIIᵉ LEÇON

RÉSUMÉ

Côte. La côte de l'Algérie s'étend de l'est à l'ouest, sur une longueur d'environ 1100 kilomètres.

Iles. On y remarque les îles *Mansouriah*, des *Pisans*, *Plane*, *Habibas*, *Rachgoun*.

Caps. Les principaux caps sont : les caps *Roux*, *Rosa*, de *Garde*, de *Fer*, *Bougaroni*, *Cavallo*, *Carbon*, *Djinet*, *Matifou*, *Caxine*, *Amouch*, *Ténès*, *Ivi*, *Ferrat*, *Falcon*, *Figalo*, *Milonia*.

Baies. De Bône, de Stora, de Bougie, Alger, Arzeu, Oran.

DÉVELOPPEMENT

La côte d'un pays, c'est la partie de ce pays qui touche immédiatement à la mer. Toute contrée qui possède une côte étendue et commode possède par là même un important élément de prospérité. Son climat se ressent des bienfaisantes influences de la mer, ses relations avec les autres pays sont faciles et fréquentes.

Pour l'étendue, la côte de l'Algérie ne laisse guère à désirer. Mais elle est loin d'être commode. On distingue, parmi les côtes, les *côtes droites* et les *côtes découpées* : ces dernières doublent leur étendue par suite de leur forme même : elles semblent aller au-devant de la mer ou bien s'ouvrir pour la laisser pénétrer à de grandes profondeurs ; elles offrent une multitude d'abris, de retraites naturelles où les navires peuvent échapper aux vents et aux tempêtes. La côte droite, au contraire, constamment battue par les flots, est presque toujours inhospitalière et dangereuse. La côte de l'Algérie est plutôt droite que découpée : elle n'a pas de grandes îles jetées en avant pour amortir le choc de la mer, elle n'a que des îlots ou des écueils ; elle n'a pas de presqu'îles véritables, mais seulement des caps, des pointes presque toujours montueuses ; elle n'a pas de ces vastes golfes, de ces grands enfoncements naturels que possèdent d'autres pays, elle n'a que des *baies*, c'est-à-dire de tout petits golfes généralement moins grands, moins profonds et moins sûrs.

Heureusement là, comme partout ailleurs, le travail de l'homme intervient pour compléter l'œuvre imparfaite de la nature. Quand les écueils sont dangereux, on les fait sauter avec de la poudre ou bien on y place des *phares* qui les signalent aux marins. Quand les baies ne sont pas assez profondes, on les creuse davantage ; quand elles ne sont pas assez bien défendues contre la mer, on construit d'énormes murs qu'on appelle des jetées, qui s'élèvent du fond de l'eau à la surface. L'espace compris entre la terre et ces murs prend alors le nom de *port*.

Si l'on part de la limite même de la Tunisie et qu'on se dirige vers l'ouest, on rencontre d'abord le cap Roux, ensuite apparaît la baie de Bône. Une baie présente toujours plus ou moins la forme d'un demi-cercle, quelque chose comme le croissant de la lune ; les pointes de ce demi-cercle sont des caps. C'est ainsi que la baie de Bône, au fond de laquelle se trouve le port du même nom, se termine d'un côté par le cap Rosa, de l'autre par le cap de Garde.

Le cap de Fer, ainsi appelé à cause des grandes quantités de fer que son sol renferme, et d'autre part le cap Bougaroni ou des Sept Têtes (Seba Rous en arabe) qui pousse dans la mer sept pointes bien distinctes, limitent la baie de Stora ou de Philippeville au fond de laquelle se dressent de belles montagnes vertes. De la même manière, entre le cap Cavallo et le cap Carbon, s'arrondit la baie de Bougie dont le demi-cercle est d'une régularité parfaite. Dans l'intérieur de la baie se trouve la petite île *Mansouriah* ; un peu plus à l'est se dresse, à 50 mètres environ au-dessus de la mer, le rocher Pisan ou des Pisans.

Après le golfe de Bougie, la côte est dominée par les montagnes de la Kabylie dont les prolongements s'avancent jusque dans la mer en forme de caps. Parmi ces caps, le cap Djinet est un des principaux. Entre le cap Matifou et le cap Caxine se creuse la baie d'Alger, autour de laquelle s'étagent sur des collines les blanches maisons de la

ville et des environs. La pointe de Sidi-
Ferruch qui forme une petite presqu'île détermine avec la côte voisine deux baies de
faible étendue. C'est là que débarqua le 14
juin 1830 l'armée française qui devait
faire la conquête d'Alger. Les caps Amouch
et Ténès, dont le second surtout est fort élevé, attirent ensuite l'attention.

Après le cap Ivi, la côte fait un brusque
détour et forme ainsi le golfe d'Arzeu dont
l'ouverture est très-large entre le cap Ivi et
le cap Ferrat. Le cap Ferrat est situé à
l'extrémité d'une presqu'île qui limite du
côté de l'est la baie d'Oran, beaucoup moins
grande et moins sûre que celle d'Arzeu.
Tout près de la baie d'Oran et séparé d'elle
par le cap Falcon se creuse un petit enfon-
cement. En face est l'île *Plane* à laquelle
son sol peu accidenté a fait donner ce
nom. En continuant de suivre la côte, on
aperçoit sur la droite les îles Habibas, d'un
aspect désolé. On passe ensuite devant
le cap Figalo taillé presque droit sur
la mer devant l'île Rachgoun, aussi peu
fertile que les Habibas, et l'on arrive au cap

Milonia. Au delà de ce cap la côte cesse d'être algérienne pour appartenir au Maroc.

Questionnaire.

Qu'est-ce qu'une cô-te ?

Qu'est-ce qu'une côte droite ?

Qu'est-ce qu'une côte recourbée ?

Quelles sont les îles de l'Algérie ?

Quels sont les caps de l'Algérie ?

Quelles sont les baies de l'Algérie ?

———

IVᵉ LEÇON

—

RÉSUMÉ

MONTAGNES. Les montagnes de l'Algérie appartiennent au système de l'Atlas.

Montagnes du Tell. Les principales montagnes du Tell sont : l'*Edough* (1000 m.), le *Gouffi* (1130 m.), le *Babor* (1970 m.), le *Mégris* (1725 m.), le *Guergour* (1800 m.), le *Lella-Khedidja* (2308 m.), le *Mouzaïa* (1604 m.), le *Zaccar* (1580 m.), le *Chenoua* (900 m.), le *Dira* (1810 m.), le *Kef-Lakdar* (1464 m.), l'*Ouarensenis* (2000 m.), le *Filhausen* (1557 m.), l'*Ouergla* (1724 m.), l'*Assas* (1620 m.), le *Toumzaït* (1734 m.)

Montagnes des Hauts-Plateaux. Les principales sont : le *Nif-en-Nser* (1540 m.), le *Senalba* (1570 m.)

Montagnes du Sahara. Les principales sont : le *Chellia* (2312 m.) et le *Djaffa* (1546 m.); dans l'*Aurès* le *Bou-Khaïl* (1500 m.), le *Lazereg* (1575 m.), le *Gourou* (1430 m.)

DÉVELOPPEMENT

MONTAGNES. Si l'on prend une orange et qu'on la considère, on s'aperçoit que la pelure de ce fruit n'est point parfaitement unie ; l'œil y découvre des plis et des rugosités. Dans de plus grandes proportions, le même fait se produit sur la surface de la terre. Là aussi il existe des plis et des rugosités. C'est ce qu'on appelle des *montagnes.*

La forme des montagnes varie beaucoup : les unes s'effilent en pointe et forment ce qu'on appelle des *pics*, d'autres s'arrondissent en forme de *dôme*, d'autres enfin supportent sur leur sommet uni ce qu'on appelle des *plateaux*. Il est rare qu'une montagne soit complétement isolée ; le plus souvent elle forme avec d'autres montagnes un groupe, un ensemble. On a l'habitude de donner à toutes ces réunions de montagnes le nom de *chaînes*. Cette appellation n'est pas toujours exacte. Elle donne l'idée d'une suite de montagnes rangées en bon ordre comme une file de soldats. Or le plus sou-

vent il n'en est point ainsi. Au lieu de
s'aligner régulièrement, les montagnes se
groupent d'une façon bizarre. Dans ce dernier cas, qui est le plus fréquent, il vaut
mieux donner à leur réunion le nom de
massif.

Quand on veut mesurer la hauteur d'une
maison, on examine la distance qu'il y a de
la base au sommet. On ne fait pas de même
pour les montagnes. Parfois en effet la montagne repose sur une plaine déjà élevée
elle-même et supportée par une autre masse
de montagnes ; les plaines de ce genre sont
ce qu'on appelle des *hautes terres* et on
aime aussi à connaître leur élévation. On
est convenu alors pour mesurer non-seulement les montagnes, mais encore *l'altitude*
en général, de prendre comme point de
comparaison le niveau de la mer. Quand on
dit qu'une montagne a 600 mètres, il faut
comprendre par là, non pas qu'elle s'élève
de 600 mètres au-dessus des pays environnants, mais de 600 mètres au-dessus de la
surface de la mer.

Longtemps les montagnes ont été pour

les hommes un objet d'horreur et d'effroi. Aujourd'hui que l'on comprend leur utilité, il n'en est plus ainsi. Les montagnes entretiennent sur leurs sommets un air plus pur et plus sain que celui des régions basses ; quand elles sont très-hautes elles se couvrent d'une neige abondante dont la fonte alimente au printemps les rivières et les cours d'eau. Moins élevées elles attirent cependant les pluies et forment les sources. L'abondance des eaux, chose si nécessaire, dépend, en grande partie, de la présence, de la forme et de la hauteur des montagnes.

Les montagnes de l'Algérie appartiennent au système général de l'Atlas qui couvre tout le nord de l'Afrique. Elles déterminent la division en trois régions dont il a été question plus haut. En effet, la région du milieu ou région des Hauts-Plateaux est une sorte de terrasse. En venant de la mer on monte sur cette terrasse par un véritable escalier naturel ; cet escalier est formé par les montagnes du Tell. Du côté opposé un autre escalier fait pendant au premier ; il est constitué par les montagnes du Sahara.

Montagnes du Tell. Les montagnes du Tell forment non pas une chaîne régulière, mais une succession de petits massifs où se dressent de distance en distance des sommets importants. En se dirigeant de l'est à l'ouest, on trouve d'abord l'*Edough* qui s'élève à une hauteur de 1000 mètres, dominant de ses pentes couvertes de forêts et les flots de la mer et les plaines marécageuses qui l'entourent du côté de la terre. Le mont *Gouffi* qui projette le promontoire *Bougaroni*, se rattache aux montagnes qui couvrent le pays entre la côte et Constantine. Il en est le point culminant (1130 mètres). Le *Babor* (1970 mètres), le *Megris* (1725 mètres), le *Guergour* (1800 mètres), sont les sommets les plus importants d'un système appelé *monts du Sétif ou du Hodna*, parce qu'il domine d'un côté les plateaux de Sétif, de l'autre le lac des Hodna, auquel il envoie ses eaux.

Les montagnes que nous venons d'énumérer sont généralement situées dans la partie du Tell qui avoisine la mer. Celles qu'il reste à mentionner peuvent être divisées en montagnes du nord et en montagnes du sud, les unes se dressant immédiatement au-dessus du rivage, les autres placées à la limite même de la région des Plateaux. Dans la première catégorie on rangera le *Massif du Djurjura*, dont l'habitant d'Alger découvre au loin les cimes neigeuses. La plus haute de ces cimes est le *Tamgout* ou pic de *Lella-Khedidja* (2308 mètres), ainsi appelé du nom de la sainte musulmane dont il supporte le tombeau. Le *Djurjura* domine du côté de l'est la plaine d'Alger ou Mitidja, que ferme également au sud et à l'ouest un ensemble de montagnes dont les plus importantes sont : le *Mouzaïa* (1604 mètres), traversé par un col ou passage où combattit vaillamment, en 1844, une colonne française, le *Zaccar* (1580 mètres), le *Chenoua* (900 mètres). Au *Djurjura* correspondent dans le sud du Tell le *Dira* (1810 mètres) et le *Kef-Lakdar* ou montagne des rochers verts (1464 mètres). Au *Mouzaïa* et au *Zaccar* fait pendant le massif de l'*Ouarensenis* que ses habitants appellent l'*œil du monde*, parce que de ses cimes, qui montent jusqu'à 2000 mètres, ils croient voir la terre entière. De la même façon, tout à fait à l'ouest de l'Algérie, le mont *Filhausen* (1557 mètres) touche à la côte, tandis que les monts *Ouergla* (1724 mètres), *Assas* (1620 mètres) et *Toumzaït* (1734 mètres), se groupent beaucoup plus au sud, dans le voisinage de Tlemcen.

Montagnes des Hauts-Plateaux. Quand, partant du rivage, on a gravi les montagnes du Tell, on arrive sur les Hauts-Plateaux. Cette région est donc à une altitude moyenne assez considérable, ce qui ne l'empêche pas de compter peu de montagnes, c'est-à-dire de points s'élevant beaucoup au-dessus du niveau général. Il y a cependant quelques exceptions, par exemple le *Nif-en-Nser* (1540 mètres), le *Senalba* (1570 mètres).

Montagnes du Sahara. Au sud, et constituant le rebord méridional de la terrasse algérienne, se trouvent les montagnes du Sahara. Leur forme est plus régulière que celles des montagnes du Tell. En général elles se présentent non plus sous l'aspect de *massif*, mais comme une *chaîne* à peu près continue, constituée par des chaînons parallèles.

Il n'en est pas tout à fait ainsi dans la partie orientale. Là existe un véritable *massif* qui envahit la région des Plateaux et communique directement par ses ramifications avec le système du Tell. C'est le *massif de l'Aurès*, très-accidenté, très-pittoresque, hérissé ça et là de hauts sommets comme le *Chellia*, qui a 2312 mètres et le *Djaffa* qui en a 1546.

A partir de l'*Aurès* la *chaîne saharienne* se dirige vers l'ouest, mais en s'inclinant fortement au sud. De cette manière elle s'écarte de plus en plus des monts du Tell et laisse une largeur croissante à la région des Plateaux. Elle porte alors les noms de *djebel Bou-Khaïl*, *djebel Amour*, monts des *Ouled-Sidi-Cheikh*. Dans cette partie on trouve encore quelques sommets élevés : le *Bou-Khaïl* qui a 1500 mètres, le *Lazereg* 1575, le *Gourou* 1430.

Questionnaire.

Qu'est-ce qu'une montagne ?

Qu'est-ce qu'une chaîne de montagnes ?

Qu'est-ce qu'un massif de montagnes ?

A quoi servent les montagnes ?

Comment mesure-t-on les montagnes ?

Qu'est-ce que l'Atlas ?

Quelles sont les montagnes du Tell ?

Quelles sont les montagnes des Hauts-Plateaux ?

Quelles sont les montagnes du Sahara ?

Ve LEÇON

RÉSUMÉ

LES EAUX. Il y a en Algérie des eaux *stagnantes* et des eaux *courantes*.

Lacs et chotts. Les principaux sont : le lac *Fetzara* et la *Sebkha* d'Oran dans le Tell, les chotts du *Hodna, Zarès, El-Chergui, El-R'arbi* dans les Hauts-Plateaux, le chott *Mel-rir* dans le Sahara.

Rivières et oueds. Les principales rivières qui aboutissent à la Méditerranée sont : la *Seybouse*, le *Saf-Saf*, l'*oued El-Kebir*, la *Soummam*, le *Sebaou*, l'*Isser*, l'*Harrach*, le *Mazafran*, le *Chelif*, la *Macta*, formée par le *Sig* et l'*Habra*, la *Tafna*. — Les oueds des Hauts-Plateaux sont peu importants. — Parmi les oueds du Sahara on remarque l'*oued Djedi*, l'*oued Nsa*, l'*oued Mzab*, l'*oued Segeur*.

DÉVELOPPEMENT

LES EAUX. — La présence des eaux à l'intérieur d'un pays est produite par plusieurs causes générales : 1° les pluies ; 2° dans les

contrées où il y a de hautes montagnes, la
fonte des neiges. Même quand elles semblent avoir une autre origine, les eaux proviennent toujours d'une de ces deux causes. Ainsi celles qui jaillissent d'une source
ne sont autres que des eaux de pluie ou
de neige qui ont séjourné ou voyagé
sous la terre.

Les eaux se présentent sous forme d'eaux
stagnantes ou d'eaux *courantes* ; les eaux
stagnantes sont celles qui restent immo-
biles, elles sont quelquefois douces et
quelquefois salées. Lors même qu'elles
sont douces elles sont rarement de bonne
qualité. L'étendue qu'elles couvrent porte, si
elle est vaste, le nom de *lac*, si elle est
restreinte, celui d'*étang* ou de *marais*. En
Algérie on appelle *chotts* ou *sebkhas* des sor-
tes de bassins que les eaux remplissent
pendant la saison des pluies, mais qui se
dessèchent sous les ardeurs du soleil et
forment un terrain legèrement humide recouvert d'une croûte salée.

Les eaux *courantes*, comme leur nom l'indique, sont celles qui circulent. Elles com-

mencent à un endroit qu'on appelle la *source*. Cette *source* est généralement placée sur un point élevé. De là les eaux, en suivant la pente du terrain, se dirigent soit vers un autre cours d'eau, soit vers un lac, soit vers la mer. Elles suivent une espèce de chemin naturel qu'on appelle une *vallée*. La *vallée*, resserrée soit entre des montagnes, soit entre des terrains plus élevés qu'elle-même, commence avec le cours d'eau et finit en même temps que lui au point qu'on appelle l'*embouchure*. On donne aux eaux courantes les noms de *ruisseaux*, de *rivières* et de *fleuves* ; en Algérie on les appelle des *oueds*.

L'eau stagnante et l'eau courante diffèrent par leurs propriétés comme par leur aspect. Voyez ce marais, ses eaux lourdes, ternes, boueuses, semblent dormir dans leur immobilité. La rivière au contraire bondit fraîche et limpide, et son murmure est joyeux comme une chanson. Ces apparences ne sont pas trompeuses. Les eaux stagnantes, quand elles ne forment pas des nappes d'une étendue et d'une profondeur considé-

rables, se corrompent rapidement. Loin
d'être utiles, elles remplissent l'air de leurs
émanations et engendrent les fièvres. Les
eaux courantes au contraire rendent d'innombrables services ; d'abord elles ra-
fraîchissent, épurent et renouvellent l'atmosphère. Les hommes et les animaux
peuvent sans crainte y venir satisfaire leur
soif. Ce n'est pas tout. La terre, qui elle
aussi a besoin de boire pour vivre et pour
produire, est alimentée et fécondée par les
eaux courantes. Enfin, quand ces eaux sont
assez abondantes elles servent à la navigation et facilitent ainsi les relations entre les
localités qu'elles arrosent. Ce sont alors des
« chemins qui marchent. »

Il est évident qu'on doit souhaiter pour
la prospérité d'un pays qu'il ait peu d'eaux
stagnantes et beaucoup d'eaux courantes.
On peut parvenir et on est souvent par-
venu à dessécher des étangs ou des marais,
ou bien encore à les rendre inoffensifs en
faisant circuler leurs eaux dans des canaux. Pour les rivières et les fleuves il ne
dépend pas de l'homme de les produire,

mais il peut les améliorer par ses travaux. Très-souvent, en effet, les rivières n'ont pas un cours régulier, à l'époque où les pluies tombent et où les neiges fondent elles ont trop d'eau ; alors elles débordent et au lieu de féconder leurs rives, les dévastent. Pendant l'été elles n'ont presque plus d'eau et alors elles ne fournissent plus une quantité suffisante pour les besoins de l'agriculture. Au moyen de travaux qu'on appelle *digues, barrages, réservoirs, écluses,* on peut retenir le trop-plein des eaux dans la saison d'abondance et se ménager ainsi une réserve pour la saison de sécheresse.

Lacs et chotts. Les eaux stagnantes ne sont pas en très-grande quantité dans le Tell. Les nappes de quelque importance se trouvent aux deux extrémités de la région. A l'est, dans le voisinage de la ville de Bône, est le lac *Fetzara* qui couvre une surface de 14000 hectares. Il est question de dessécher ce lac dont les eaux salées, diminuant en été, donnent lieu à des fièvres. A l'ouest, aux environs d'Oran, s'étend sur une surface de 32000 hectares la *Sebkha* ou *lac salé* d'Oran, qui n'a un peu d'eau qu'en hiver.

L'inclinaison des pentes qui permet aux eaux de s'écouler, le voisinage de la mer qui les reçoit, telles sont les causes qui dans le Tell rendent peu nombreuses les eaux stagnantes; au contraire, dans la région des Hauts-Plateaux et même dans celle du Sahara, les eaux des pluies, ne trouvant pas d'écoulement, se réunissent dans les cuvettes formées çà et là par les chotts et les sebkhas et y séjournent jusqu'à ce que les ardeurs du soleil viennent les y dessécher. Ainsi sont alimentés dans la région des plateaux le *chott* du *Hodna*, les deux *Zarès*, le *chott El-Chergui*, le *chott El-R'arbi*, dans le Sahara le *chott Mel-rir*. C'est ce dernier qu'il est question de mettre en communication avec la Méditerranée pour créer ainsi, au sud de l'Algérie, une sorte de mer intérieure.

Rivières et oueds. Le relief d'un pays détermine la direction de ses eaux : c'est-à-dire que les rivières vont toujours du côté où la pente du sol leur permet de descendre.

De la disposition des montagnes résultent pour les eaux courantes de l'Algérie trois directions : les unes, prenant leur source dans la région des plateaux ou dans les montagnes qui en forment le rebord septentrional, descendent la pente de ces montagnes et vont aboutir à la mer ; — d'autres, sans pouvoir quitter les plateaux, se perdent dans les chotts ; — d'autres enfin, allant au sud au lieu d'aller au nord, descendent bien des plateaux, mais pour aller se perdre dans les sables du Sahara.

Les principales rivières qui se jettent dans la Méditerranée et qui arrosent le Tell, sont, de l'est à l'ouest : la *Seybouse*, le *Saf-Saf* ou rivière des peupliers, l'*oued El-Kebir*, qui passe à Constantine où il porte le nom de *Rummel*, la *Soummam*, le *Sebaou* qui arrose la Kabylie, le *Mazafran*, principale rivière de la Mitidja, le *Chelif* grossi de la *Mina*, la *Macta* formée par la réunion de l'*Habra* et du *Sig*, la *Tafna* grossie de l'*Isser de l'ouest*. — Seule de toutes ces rivières, le *Chelif* a un parcours considérable ; il ne vient pas, comme toutes les autres, des montagnes du Tell, mais bien de celles du Sahara. Sorti du Djebel-Amour, il traverse du sud au nord toute la région des plateaux, et après avoir pénétré dans le Tell se dirige d'est en ouest. Il forme alors une vallée parallèle à la mer, qui est la plus vaste de l'Algérie et qui facilite singulièrement les communications. Sa longueur totale est d'environ 700 kilomètres. Si l'abondance et la régularité de ses eaux étaient en rapport avec l'étendue de ce cours, le *Chelif* mériterait le nom de fleuve. Par malheur, il n'en est point ainsi. Grossi par les pluies d'hiver, il tarit presque en été. C'est là un inconvénient commun à la plupart des rivières du Tell. Pour quelques-unes on y a remédié par de remarquables travaux d'art. Des barrages, établis sur les petites rivières de l'*Habra* et du *Sig*, retiennent les eaux à l'époque des crues et ensuite les distribuent régulièrement par des canaux qu'on alimente à volonté. Il en résulte que, même pendant les fortes chaleurs, les cultures voisines peuvent toujours être arrosées. Il est à souhaiter que des travaux du même

genre soient exécutés sur toutes nos rivières.

Les cours d'eau des Hauts-Plateaux, ab-
sorbés, sans avoir eu le temps de se développer, par les chotts et les sebkahs, sont plus
irréguliers encore que ceux du Tell. Parmi
les oueds du Sahara, quelques-uns : l'*oued
Djedi*, l'*oued Nsa*, l'*oued Mzab*, l'*oued Segeur*, ont un parcours considérable. L'*oued
Djedi*, le plus important de tous, sort du
Djebel-Amour au sud, comme le *Chelif* en
sort au nord. Il coule ensuite parallèlement
à la chaîne saharienne dans la direction de
l'est et reçoit dans la partie inférieure de
son cours l'*oued Biskra*. Mais, comme tous
les oueds sahariens, le *Djedi*, torrentiel à la
suite des orages, n'a le plus souvent qu'un
maigre filet d'eau. La plupart du temps il
n'arrive même pas jusqu'au chott *Mel-rir* où
il se déverse en temps de crue. Il paraît certain que sous le lit caillouteux et desséché
des oueds existent des nappes d'eau assez
abondantes. On s'efforce d'attirer ces eaux
à la surface et de les utiliser au moyen de
puits.

Questionnaire.

D'où proviennent les eaux ?

Quelle est la différence entre l'eau stagnante et l'eau courante ?

Qu'est-ce qu'un lac ?

Qu'est-ce qu'un chott ou une sebkha ?

Quels sont les principaux lacs de l'Algérie ?

Quels sont les principaux chotts ?

Quelles sont les principales rivières qui se jettent dans la Méditerranée ?

Où le Chélif prend-il sa source ?

Quels sont les principaux oueds du Sahara ?

Comment obtient-on de l'eau dans le Sahara ?

GÉOGRAPHIE POLITIQUE

VIe LEÇON

RÉSUMÉ

HISTOIRE. L'histoire de l'Algérie se divise en trois époques : l'époque ancienne, l'époque musulmane et l'époque française.

Époque ancienne. Pendant l'époque ancienne, les Berbères, premiers habitants du pays, ont subi la domination des Carthaginois, des Romains et des Vandales.

Époque musulmane. Les Arabes ont conquis l'Algérie et s'y sont installés. Après eux, les corsaires turcs, devenus maîtres des principales villes, y ont exercé la piraterie.

Époque française. La domination française s'est étendue peu à peu sur tout le pays.

DÉVELOPPEMENT

HISTOIRE. La géographie physique s'occupe de la terre ; la géographie politique s'occupe des hommes qui vivent sur cette terre. Avant tout elle rappelle brièvement l'histoire du passé. Dans ce pays, comme dans tout autre, des peuples se sont succédé ; les uns ont disparu, les autres subsistent encore ; ceux mêmes qui ont disparu ont laissé des souvenirs, des traces visibles de leur passage. Il n'est donc pas sans intérêt de connaître leur nom, de savoir l'ordre dans lequel ils se sont suivis et même de se faire une idée de leurs institutions.

On peut diviser en trois grandes époques l'histoire de l'Algérie : 1° l'époque ancienne, 2° l'époque musulmane, 3° l'époque française.

Époque ancienne. Les plus anciens habitants connus de l'Algérie portent, dans les récits des historiens et des géographes, les noms différents de *Numides, Gétules, Maures,* etc. Ils paraissent avoir appartenu tous à la même race, la race *berbère.* On ne sait pas bien s'ils avaient toujours habité dans le pays ou s'ils étaient originaires d'autres contrées.

Ils eurent bientôt à subir la domination ou tout ou moins l'influence d'un peuple étranger. De la Phénicie à l'extrémité orientale de la Méditerranée, des émigrants vinrent aborder à la côte d'Afrique. Ils y

fondèrent·près de l'emplacement où est aujourd'hui Tunis, la ville de Carthage. L'industrie de ses habitants, leur habileté comme navigateurs et comme commerçants, en-
richirent rapidement la nouvelle cité. Elle
eut des dépendances et des établissements
sur toute la côte de l'Afrique septentrionale,
dans les pays que nous appelons *Tunisie*,
Algérie et *Maroc*. Mais en voulant s'empa-
rer de la Sicile elle entra en lutte avec les
Romains. La ville de Rome possédait alors
en Italie une puissance aussi grande que
celle de Carthage en Afrique. Entre les deux
peuples rivaux il y eut trois guerres auxquelles on a donné le nom de *guerres puni-*
ques. Dans la première, de 264 à 241 avant
J.-C., Carthage eut le dessous et dut renon-
cer à toute prétention sur la Sicile et la
Sardaigne. Dans la seconde (218-202 avant
J.-C.), malgré les victoires de son général
Annibal, qui était allé en Italie attaquer
les Romains, elle fut obligée de céder encore
une fois et d'agrandir à ses dépens le roi
numide Massinissa, allié de Rome. Enfin
dans la 3ᵉ guerre, après un siége de deux

ans, Carthage fut prise (145). La domination de l'Afrique septentrionale passa dès lors aux Romains.

Ce ne fut pas sans difficultés que les Romains devinrent complétement maîtres du pays. Le petit-fils de Massinissa, Jugurtha, fut surtout pour eux un rude adversaire. Pour rester seul maître du royaume de Numidie, il avait assassiné ses deux cousins. Rome essayant de le punir, il se défendit contre elle. Avec ses cavaliers légers, il attaquait par surprise les troupes romaines, et quand il se trouvait le plus faible, fuyait à travers les solitudes du désert. Malgré les défaites répétées, malgré la perte de sa capitale *Cirta* (aujourd'hui Constantine), il résista longtemps, jusqu'au jour où un roi voisin, son allié, le livra à ses ennemis.

Après Jugurtha, il y eut encore des résistances et des révoltes ; mais les états indépendants disparurent peu à peu et Rome fut plus puissante en Afrique que Carthage ne l'avait jamais été. Sa domination dura plus de quatre cents ans ; cette domination fut bienfaisante. L'Afrique du Nord était di-

visée en plusieurs provinces : la *Tripoli-
taine* et la *Byzacène*, à l'est, — au milieu, la
Numidie, la *Mauritanie sitifienne* et la *Mauritanie césarienne* répondant à peu près à
l'Algérie, — à l'ouest la *Mauritanie tingitane*
comprenant à peu près le Maroc. La population était nombreuse et prospère ; partout
s'élevaient des villes florissantes, dont il
nous est donné d'admirer les ruines grandioses, particulièrement à Cherchell (départ.
d'Alger), à Lambèse (départ. de Constantine).

Au v⁰ siècle de l'ère chrétienne, l'empire
romain, affaibli par les désordres intérieurs
et les disputes religieuses, fut envahi de
tous côtés par des peuples à demi-sauvages,
les *Barbares*. L'Afrique eut le sort des autres provinces. Les Vandales, originaires
de la Germanie (Allemagne actuelle), pé-
nétrèrent d'abord en Gaule (France), puis
en Espagne et enfin en Afrique. Ils s'em-
parèrent du pays, mais y dominèrent à
peine un siècle. Bélisaire, envoyé par l'empereur de Constantinople, Justinien, les
défit complétement et détruisit leur empire.

Mais pendant leur séjour ils avaient tout désorganisé, les populations civilisées avaient en partie disparu, les populations indigènes étaient revenues à leur état presque sauvage. La période dite *byzantine*, où l'Afrique appartint aux successeurs de Justinien, ne ressemble en rien à la période romaine. Les révoltes, les désordres, les guerres civiles, désolèrent le pays et préparèrent le succès de l'invasion arabe.

Époque musulmane. Les Arabes habitaient la grande presqu'île asiatique qui s'étend à l'est de l'Afrique et communique avec elle par l'isthme de Suez. Mahomet leur donna une religion et réunit leurs tribus dispersées en une seule masse qu'il lança sur les pays environnants. L'Égypte fut conquise; de là les envahisseurs se répandirent à l'ouest, et leur chef Okba courut jusqu'à l'Atlantique. Mais il fut tué au retour par les Berbères soulevés, et son successeur Hassan ne triompha qu'à grand'peine des montagnards de l'Aurès, encouragés et dirigés dans leur résistance par une femme, la *Kahina* ou prophétesse. Cette conquête de l'A-

frique septentrionale eut lieu environ 700
ans après J.-C. Cette région se trouva divisée en trois provinces : à l'est, l'*Ifrikïa*, cor-
respondant à peu près à la Tunisie actuelle ;
au milieu, le *Mag'reb central*, qui est aujourd'hui l'Algérie ; à l'ouest, le *Mag'reb*,
qui forme maintenant le Maroc. Les Arabes
qui vinrent à ce moment en Afrique furent
en petit nombre. Ce ne fut que longtemps
après, de 1050 à 1100, que des tribus no-
mades, celles de Hilal et de Soléïm, s'éta-
blirent définitivement dans le pays et firent
prendre aux Berbères, déjà convertis à leur
religion, leurs mœurs, leurs usages et souvent leur langue. De ces deux tribus descendent les Arabes qui sont aujourd'hui en
Algérie. De 700 à 1050 et de 1050 jusque
vers 1500, les dynasties, c'est-à-dire les familles régnantes, se succédèrent en Afrique.
Les principales furent celles des Ar'lebites,
des Fatemides, des Zirides, des Almohâdes,
des Almoravides, des Hafsides, des Zïanites
et des Merinides ; les villes de Kaïroan dans
l'Ifrikïa, de Tlemcen dans le Mag'reb central, de Fez dans le Mag'reb occidental,

furent successivement ou simultanément des capitales de royaumes.

Vers l'an 1500 les États musulmans de l'Afrique du Nord étaient en pleine décadence : les Portugais s'emparaient des ports de l'Océan, les Espagnols, sur la côte de la Méditerranée, occupaient Oran et Bougie et construisaient dans le port d'Alger un fort ou *peñon* (1). Ce fut alors que les deux frères Aroudj et Khaïr-Eddin, qui portèrent tous deux le surnom de *Barberousse*, se rendirent maîtres d'Alger. Pour être soutenus contre leurs voisins et surtout contre les Espagnols, eux et leurs successeurs se reconnurent sujets du sultan de Constantinople. Bientôt toute l'Afrique septentrionale se trouva comprise dans les États ou régences de Tripoli, Tunis et Alger. A Alger résidait un dey ayant sous ses ordres les beys ou gouverneurs de Constantine, de Titeri et de l'Ouest. Le dey et les beys, assistés d'une armée turque, comme eux exerçaient sur le pays une domination très-dure. On se tromperait si l'on croyait qu'a-

(1) *Peñon*, de l'espagnol *rocher*. Prononcez *pégnon*.

vant la conquête française l'Algérie était
libre. Elle était assujettie à des maîtres
étrangers presque toujours avides et cruels.
Sous ce gouvernement il n'y avait ni paix
ni sécurité à espérer : à chaque instant le
dey ou les beys étaient renversés et massa-
crés par leurs turbulents soldats ; les sédi-
tions et les désordres se reproduisaient tous
les jours. L'Alger des deys était un véritable repaire de brigands. De son port, comme
de tous les ports voisins, des *pirates* ou vo-
leurs de mer partaient pour aller attaquer
les navires de commerce. Ils égorgeaient
tout ce qui résistait ; ceux qui s'étaient ren-
dus étaient mis en vente en même temps
que le bâtiment et les marchandises. Jusqu'en 1830, tout voyageur ou tout marin
qui s'embarquait sur la Méditerranée ris-
quait fort d'être tué en route ou de devenir
esclave en Algérie. Les puissances européennes, pour qui ces brigandages étaient à
la fois une ruine et une honte, essayèrent
à plusieurs reprises de les réprimer. En
1541, Charles-Quint, roi d'Espagne et empereur d'Allemagne, échoua devant Alger ;

sous Louis XIV, les amiraux français Duquesne et d'Estrées bombardèrent inutilement cette même ville. L'expédition espagnole, conduite en 1775 par O'Reilly, eut le sort de celle de Charles-Quint. Le bombardement exécuté en 1816 par l'Anglais Exmouth, ne fut pas plus efficace que celui de Duquesne. Ce fut seulement en 1830 qu'une armée française s'emparant d'Alger mit fin et à la domination du dey et aux brigandages qui désolaient depuis trois siècles la Méditerranée.

Époque française. Presque en même temps qu'Alger, les Français occupaient deux points importants : Bône à l'est et Oran à l'ouest. Mais pour rester maître de la côte il fallut faire la conquête de l'intérieur. Dans l'ouest les progrès de la puissance française furent longtemps arrêtés par l'émir Abd-el-Kader, descendant d'une famille de marabouts, fanatique, ambitieux, rempli de bravoure et d'habileté. Vaincu par le général Bugeaud à la Sikkak, il signe en 1837 le traité de la Tafna, mais il reprend les armes en 1839. La défaite subie par lui au col de

Mouzaïa, la perte successive de toutes ses villes et de sa *smala* enlevée par le duc d'Aumale (mai 1843), l'obligent à chercher un refuge au Maroc. L'empereur du Maroc Abd-er-Rhaman se laisse entraîner par lui à attaquer les Français; mais le maréchal Bugeaud remporte la grande victoire d'Isly (1844). Trois ans plus tard, Abd-er-Rhaman refuse de recevoir de nouveau Abd-el-Kader encore une fois fugitif. L'émir, serré de près par les troupes françaises, est obligé de se rendre. Dès lors, la soumission de l'Ouest était assurée.

A l'est on avait songé, dès 1836, à attaquer dans sa ville de Constantine le bey Ahmed, ennemi aussi redoutable qu'Abd-el-Kader. Une première expédition, entreprise avec des forces insuffisantes, aboutit à un échec qui aurait pu être un désastre. L'année suivante, l'armée française prit sa revanche. Après un assaut terrible où périt le général de Damrémont et que termina le général Valée, la ville de Constantine fut enlevée et occupée définitivement.

Pour achever la conquête, il restait en-

core deux tâches à accomplir : assurer la
sécurité du Tell en soumettant les habitants du Sahara — dans le Tell même,
imposer la domination française aux montagnards de la Kabylie. La soumission du
Sahara n'offrait guère que les difficultés
résultant de l'éloignement et du climat ;
sur quelques points seulement il y eut une
résistance sérieuse, mais qui cessa après les
sanglantes affaires de Zaatcha (1849) et de
Laghouat (1852). En Kabylie, au contraire,
on avait affaire à une population relativement nombreuse, très-énergique et favorisée
par la nature du pays. En 1851 on l'obligea
à payer un tribut, mais ce pays ne fut
réellement conquis qu'en 1857, après les
expéditions du maréchal Randon.

A partir de ce moment se termine la
période purement militaire. Non qu'il n'ait
fallu encore combattre, soit pour compléter
sur quelques points la ligne d'occupation
au sud, soit pour réprimer des insurrections
quelquefois formidables (celle de 1871, par
exemple). Mais ce sont là des faits excep-
tionnels. L'Algérie appartient bien définiti-

vement à la France, l'œuvre de la conquête est achevée ; ce sont désormais les pacifiques travaux de la colonisation qui ont la principale importance.

Questionnaire.

En combien d'époques divise-t-on l'histoire de l'Algérie ?

Quels sont les peuples qui ont dominé en Algérie pendant la période ancienne ?

Quelles étaient les divisions de l'Afrique du Nord sous l'empire romain ?

Quelles étaient les divisions de l'Afrique du Nord sous l'empire arabe ?

Qu'étaient-ce que les corsaires algériens ?

En quelle année les Français ont-ils pris Alger ?

Quels ont été les principaux adversaires de la domination française en Algérie ?

VIIᵉ LEÇON

RÉSUMÉ

Population. On connaît la population d'un pays au moyen du recensement.

Races. La population de l'Algérie se compose de plusieurs races : les races indigènes (Berbères, Arabes et Juifs), et les races européennes (Français, Espagnols, Italiens, etc.).

Religions. Les religions de l'Algérie sont la religion musulmane, la religion israélite, la religion catholique et la religion protestante.

Condition légale. Les Français et les Juifs sont citoyens; les autres habitants peuvent le devenir par la naturalisation.

Mouvement de la population. La population de l'Algérie, qui tend à augmenter, est de 2868977 personnes, dont 197341 Français, 33496 Israélites naturalisés, 159161 Étrangers, et 2478979 Musulmans.

DÉVELOPPEMENT

Population. Il est intéressant de savoir

quel est le nombre des êtres humains qui
habitent un pays. On l'apprend par une
opération qu'on appelle le recensement. Dans
toutes les localités, des personnes chargées
de cette mission dressent la liste des habitants ; on additionne les différentes listes, et
on obtient ainsi le chiffre total de la population.

Races. De même que dans un petit groupe,
un hameau, un village, les habitants appartiennent à des familles différentes et par
suite diffèrent d'aspect, de coutumes et
parfois d'idées, de même dans un pays il
peut y avoir des populations d'origine diver-
se. Si ce pays a, comme l'Algérie, successivement appartenu à différents maîtres, ces
dissemblances seront très-marquées et très-
tranchées.

Il y a lieu de distinguer en Algérie : 1° la
population indigène, c'est-à-dire l'ensemble
de ceux qui étaient dans le pays avant 1830
ou de leurs descendants ; 2° la population
européenne, c'est-à-dire les Français et les
Étrangers venus depuis 1830, ou leurs descendants.

La population indigène se partage en trois races ou grandes familles : les Berbères, les Arabes et les Juifs.

Les Berbères sont les descendants des anciens habitants de l'Afrique septentrionale. Refoulés par les invasions arabes, ils se sont en général réfugiés dans les montagnes ou bien dans le désert. Les Kabyles du Djurjura, les Flittas du Dahra, les Chaouïa de l'Aurès sont des Berbères de la montagne. Les Beni-Mzab, les Touaregs sont des Berbères du Sahara. Le Berbère est généralement de taille moyenne, avec de gros traits, nez large, lèvres épaisses; il va généralement la tête nue, vêtu de sa *cheloukha* (chemise de laine) qu'il recouvre pour le travail de la *tabenta* ou tablier de cuir. Ceux des Berbères que nous connaissons le mieux, les Kabyles, sont sobres, actifs, industrieux. Ils cultivent avec ardeur le sol accidenté de leurs montagnes, et fabriquent eux-mêmes les objets d'habillement ou les outils qui leur sont nécessaires. Naturellement braves et aussi très-portés à la crédulité, ils ont été soumis avec peine et se sont soulevés fréquemment à la voix des agitateurs et des faiseurs de faux miracles. Mais ils aiment trop le travail pour ne pas comprendre enfin les avantages de l'ordre et de la sécurité que leur assure l'autorité française.

Les Arabes sont les descendants des conquérants qui soumirent et convertirent les Berbères.

Quelques-uns d'entre eux, sous le nom de *Maures,* vivent dans les villes; mais le plus grand nombre appartient aux *tribus.* Les tribus sont des réunions d'hommes appartenant à la même origine, vivant en commun dans les mêmes domaines, faisant paître les mêmes troupeaux.

L'Arabe, par sa physionomie, ses goûts et ses mœurs, diffère totalement du Berbère. Maigre, élancé, il a la figure fine, le nez recourbé, l'œil vif, la barbe et les cheveux noirs. Il va toujours la tête couverte de la *chéchia,* par dessus laquelle s'enroule le burnous ou le haïk. L'Arabe n'aime point, comme le Kabyle, se fixer au sol; il préfère se déplacer constamment, menant avec lui ses troupeaux, couchant sous la

tente ou le gourbi, s'arrêtant quelquefois
pour cultiver légèrement la terre. L'Arabe
n'aime pas seulement les voyages, mais
aussi la chasse, la guerre, tout ce qui est
bruyant et brillant, tout ce qui lui donne
l'occasion de « faire parler la poudre ».

Les Juifs sont les descendants de l'ancien
peuple hébreu qui se dispersa par toute la
terre, après la destruction de son indépen-
dance. Ceux qui habitent en Algérie étaient,
avant 1830, persécutés et maltraités par les
autres populations. Ils ont conservé un peu
de leurs habitudes craintives et humiliées.
Mais ils sont intelligents, actifs, laborieux,
et, malgré leur petit nombre, occupent une
place importante en Algérie, à cause des
richesses qui sont entre leurs mains. Devant
tout à la France, ils lui sont vivement
attachés. Ils peuvent être pour elle des
citoyens utiles. Ils le seront vraiment le
jour où l'usage de la liberté et le contact
des Européens leur auront tout-à-fait rendu
la dignité et le courage.

La population européenne se divise en
Français de naissance ou d'origine et en

Étrangers. Ceux-ci viennent généralement des pays avoisinant l'Algérie : de l'Espagne, de l'Italie, de Malte. Les Espagnols, surtout ceux de Mahon, sont généralement agriculteurs ou jardiniers ; les Italiens, pêcheurs ou marins ; les Maltais exercent indifféremment toutes les professions. On trouve aussi en Algérie des Suisses, des Allemands, des Anglais, ces derniers venant surtout chercher à Alger les douceurs du climat.

Religion. L'ensemble des croyances et des cérémonies par lesquelles ces croyances se manifestent porte ordinairement le nom de religion. En Algérie, les religions diffèrent comme les races. Les Berbères et les Arabes sont musulmans, c'est-à-dire qu'ils professent les croyances et observent les prescriptions contenues dans leur livre sacré, le Coran, et formulées par Mahomet leur prophète. Les Juifs ont conservé la religion de leurs ancêtres, religion dont les principes sont dus à Moïse et contenus dans la partie de la Bible qu'on appelle l'Ancien-Testament. Parmi les Français et les Européens, le plus grand nombre appartient à la religion catholique. La religion protestante, qui est une des formes du christianisme, a aussi des adhérents. Les musulmans célèbrent leur culte dans les mosquées, les juifs dans les synagogues, les catholiques dans les églises, les protestants dans les temples. Les personnes chargées de diriger le culte s'appellent imans chez les premiers, rabbins chez les seconds, prêtres chez les catholiques, pasteurs chez les protestants.

Condition légale. Il est à désirer que tous ces hommes d'origine et de religion diverses en viennent à ne plus former qu'une famille. C'est ce résultat qu'on s'efforce d'atteindre sous le nom d'*assimilation*. Mais aujourd'hui on n'en est point encore arrivé là. On n'a pas encore pu soumettre toutes ces différentes populations aux mêmes obligations, ni leur donner les mêmes droits. Le Français né de parents français et l'Israélite naturalisé sont soumis au service militaire et sont appelés à voter dans toutes les élections. L'étranger jouit de la protection des lois, mais il n'est pas soumis au service militaire et n'a le droit de vote que pour la composition de certains conseils municipaux. L'indigène, affranchi lui aussi du service militaire régulier, a, suivant les localités, son organisation spéciale, mais ne prend point de part aux élections politiques. Les étrangers et les indigènes, en se faisant *naturaliser*, deviennent des citoyens français, et ont alors tous les droits et toutes les obligations que ce titre comporte.

Mouvement de la population. En général un pays est d'autant plus florissant que ses habitants sont plus nombreux. Cela est vrai en particulier pour l'Algérie. La population de ce pays a une tendance à augmenter, et cela pour deux raisons : 1° parce que le nombre des naissances est plus grand que celui des décès ; 2° parce que des émigrants viennent sans cesse grossir le chiffre de la population européenne.

TABLEAU DE LA POPULATION TOTALE DES DÉPARTEMENTS DE L'ALGÉRIE

PROVINCES		FRANÇAIS	ISRAÉLITES naturalisés	ÉTRANGERS	MUSULMANS	TOTAL	SUPERFICIE
ALGER.	Territ. civil	79.445	11.370	48.269	346.254	485.338	1.005.683
	— mililaire.	2.009	683	415	584.626	587.733	9 516.455
	Total	81.454	12.053	48.684	930.880	1.073.071	10.522.138
ORAN.	Territ. civil	52.685	11.707	70.447	281.626	416.465	1.749.410
	— militaire.	3.869	786	4.042	228.805	237.502	9.803.364
	Total	56.554	12.493	74.489	510.431	653.967	11.552.774
CONSTANTINE.	Territ. civil	55.147	8.658	35.103	315.806	414.714	1.841.888
	— militaire.	4.186	292	885	721.862	727.225	10.893.425
	Total	59.333	8.950	35.988	1.037.668	1.141.939	12.735.513
TOTAUX GÉNÉRAUX...		197.341	33.496	159.461	2.478.979	2.868.977	34.810. 25

Questionnaire.

Par quel moyen connaît-on la population d'un pays?

Qu'est-ce qu'une race?

Quelles sont les races différentes que l'on trouve en Algérie?

Quelles sont les religions qui existent en Algérie?

Quelle est la condition légale des citoyens français?

Même question pour les Israélites naturalisés?

Même question pour les Étrangers?

Même question pour les Indigènes?

Quelle est la population totale de l'Algérie?

VIIIᵉ LEÇON

—

RÉSUMÉ

Gouvernement. L'Algérie participe au gouvernement de la France ; elle a aussi son gouvernement spécial, composé du Gouverneur général, du Directeur général, du Conseil de gouvernement et du Conseil supérieur.

Administration. L'Algérie est divisée en trois départements ; chaque département se subdivise en territoire civil et territoire de commandement.

Le territoire civil forme des arrondissements, des communes de plein exercice et des communes mixtes.

Le territoire de commandement forme des communes mixtes et des communes indigènes.

Les principaux services sont les finances, l'armée, la justice, l'enseignement, les postes, les douanes, etc., etc.

DÉVELOPPEMENT

Gouvernement. Toute réunion d'hommes

ou société a un gouvernement, c'est-à-dire
que quelques-uns, agissant d'après des usages
ou des lois établies, font les affaires qui intéressent tout le monde. Si ces hommes
obéissent et rendent compte à un seul, le
gouvernement est une monarchie. S'ils
obéissent et rendent compte à quelques-uns,
le gouvernement est une aristocratie. Quand
les chefs sont nommés par tous et respon-
sables devant tous, le gouvernement est une
démocratie et une république.

Administration. L'Administration est l'ensemble des différents services publics que
le gouvernement dirige : par exemple, le
service des finances, chargé de faire les re-
cettes et de solder les dépenses, fait partie
de l'Administration. Il en est de même de
l'instruction publique, dont les membres,
nommés et rétribués par l'État, sont chargés
d'instruire la jeunesse ; de l'armée, organisée
et entretenue pour défendre le pays.

Gouvernement de l'Algérie. L'Algérie n'est
pas une nation, c'est-à-dire qu'elle n'a point
une vie à part. Elle fait partie de la France
qui a conquis son territoire, l'a défendue

contre les agressions du dehors et s'occupe aujourd'hui de fertiliser son sol. A ce titre elle partage le gouvernement de la France ; ceux de ses habitants qui sont citoyens nomment des Députés (1 par département) et des Sénateurs (1 par département).

Les Députés et les Sénateurs algériens prennent part, comme leurs collègues, à la discussion des lois, ont le droit de voter pour ou contre les Ministres qui dirigent les administrations, et de nommer le Président de la République qui choisit les Ministres.

Mais l'Algérie n'est pas dans les mêmes conditions que la France. La majorité de ses habitants appartient à des nationalités différentes, une grande partie de son territoire n'a pas d'occupants français, les communications ne sont point partout faciles. Jusqu'ici elle n'est pas complétement assimilée, c'est-à-dire que, son gouvernement et son administration ressemblant par certains côtés au gouvernement et à l'administration de la France, en diffèrent par certains autres.

Ainsi, les divers services de l'Algérie, tout en relevant des ministères auxquels ils ont rapport, dépendent en même temps du Gouverneur général civil, résidant à Alger. Le Gouverneur général civil commande les forces de terre et de mer, et a, sous sa direction, les administrations de la colonie, en général. Cependant la justice, la marine, la guerre, l'instruction publique (sauf les écoles arabes-françaises), les cultes et l'administration des douanes, dépendent de leurs ministères respectifs et correspondent directement avec eux. C'est lui qui prépare le *budget* en conseil supérieur, c'est-à-dire qui fait le compte des dépenses nécessaires et en demande le montant aux Chambres françaises. Dans ses fonctions, il est assisté par un Directeur général des affaires civiles et financières et par deux conseils : le Conseil de gouvernement, composé des principaux Chefs de service, et le Conseil supérieur, où siégent les membres du Conseil de gouvernement et des délégués des Conseils généraux.

Administration de l'Algérie. L'Algérie tout

entière est partagée en trois départements : celui de Constantine à l'est, celui d'Alger au centre, celui d'Oran à l'ouest. Dans chacun de ces départements il y a des territoires civils et des territoires militaires ou de commandement. Le territoire civil se trouve généralement dans le Tell ; c'est la partie du département la mieux colonisée, la plus peuplée d'Européens et de Français. Dans le territoire civil les communes de plein exercice sont complétement assimilées, c'est-à-dire qu'elles sont administrées absolument comme les communes françaises. Le territoire civil est complétement assimilé, c'est-à-dire qu'il est administré absolument comme un département français. Au chef-lieu réside un Préfet, nommé par le gouvernement, à côté duquel siége un Conseil général dont les membres sont élus par les citoyens. L'arrondissement, division du département, est administré par un Sous-Préfet ; la commune de plein exercice, par un Maire et un Conseil municipal ; les communes mixtes ont à leur tête un fonctionnaire de l'ordre civil assisté d'une commission municipale nommée par le Préfet.

Le territoire militaire comprend la partie de l'Algérie dans laquelle la colonisation et la population européennes n'ont presque point pénétré. Comme son nom l'indique, ce territoire est administré par les autorités militaires. Dans chaque département se trouve un général commandant la division, qui est pour le territoire militaire ce qu'est le préfet pour le territoire civil. Le territoire militaire se compose de cercles, sous les ordres d'un commandant supérieur, qui est en même temps maire lorsque le chef-lieu du cercle forme une commune mixte. Les subdivisions se partagent en cercles régis par des commandants. Les bureaux arabes, composés d'officiers, complètent cette organisation et servent d'intermédiaires entre les commandants de cercle d'une part, et les chefs indigènes de l'autre. Ces derniers : les cheikhs, les caïds, les aghas, les bachaghas, sont nommés par l'autorité militaire.

Communes mixtes et indigènes. Les communes du territoire civil sont dites de *plein exercice*, parce que leurs habitants ont les mêmes droits que dans les communes de France. Il existe en outre des communes *mixtes*. Ce sont celles où les habitants européens sont encore peu nombreux. Elles sont dirigées par un administrateur et une commission municipale que nomme le préfet, en territoire civil, et le général, en territoire militaire. On compte 32 communes *mixtes* en territoire civil et 20 en territoire militaire. Les communes indigènes n'existent qu'en territoire militaire et parmi les tribus où n'a pénétré aucun élément européen.

Les principaux services publics sont : les finances, l'armée, la justice, l'enseignement, etc.

Finances. L'administration des finances s'occupe de percevoir les impôts et les autres revenus de l'État, et de fournir les fonds nécessaires pour les autres services. Cinq régies financières se partagent la perception des impôts, savoir : l'*Enregistrement* et les *Domaines*, les *Forêts*, les *Contributions diverses*, les *Douanes*, les *Postes*. Elles sont placées sous les ordres du directeur général des affaires civiles et financières, à l'exception du service des Douanes qui relève directement du ministère des Finances.

Les dépenses à la charge du *Trésor* sont acquittées par la *Trésorerie d'Afrique*. Il faut ajouter encore le service des *Contributions directes*, qui est chargé d'établir l'assiette des impôts perçus et qui est appelé à préparer l'introduction de l'impôt foncier dans la colonie.

Armée. L'armée destinée à garder l'Algérie forme un corps d'armée, le 19e, placé sous le commandement du Gouverneur général. Les soldats qui composent cette armée appartiennent aux différentes armes de l'artillerie, du génie, de l'infanterie et de la cavalerie. Ils se répartissent dans les divisions partagées elles-mêmes en brigades. La brigade est formée de plusieurs régiments, le régiment se divise dans l'infanterie en bataillons et en compagnies, dans la cavalerie en escadrons, dans l'artillerie en

batteries. Outre les soldats qui viennent de
France et qui y retournent, il y a des corps
spéciaux fixés en Algérie : ce sont, pour la
cavalerie, 4 régiments de chasseurs dits
chasseurs d'Afrique et formés de Français ;
3 régiments de spahis, formés en majeure
partie de volontaires indigènes, — pour
l'infanterie, 4 régiments de zouaves, 3 bataillons d'infanterie légère dits bataillons
d'Afrique ou zéphyrs, 1 régiment étranger,
et enfin, 3 régiments de tirailleurs ou turcos
formés comme les régiments de spahis par
l'enrôlement volontaire des indigènes. A
cette armée, dite armée active, peuvent
s'ajouter l'armée territoriale et la réserve
de l'armée territoriale où sont inscrits tous
les Français valides et les goums ou con-
tingents de cavalerie fournis par les tribus.

Justice. Les magistrats ou fonctionnaires
de la justice sont chargés de prononcer dans
les contestations ou procès, et de punir les
délits (actes peu graves) et les crimes (actes
graves) commis contrairement à la loi. En
France, il existe des justices de paix, des

tribunaux de première instance et des cours d'appel. Celui qui a été condamné par le juge de paix peut porter l'affaire devant le tribunal de première instance et ensuite devant la cour d'appel. Enfin, la Cour de cassation, siégeant à Paris, peut déclarer nul tout jugement qui n'a pas été rendu suivant les formes prescrites. En Algérie il existe aussi des juges de paix qui ont des pouvoirs plus étendus que leurs confrères de France. 59 résident en territoire civil, 10 en territoire militaire. Au-dessus des juges de paix se trouvent 11 tribunaux de première instance : 3 dans le département d'Alger : à Alger, Blidah et Tizi-Ouzou ; 3 dans le département d'Oran : à Oran, Mostaganem, Tlemcen ; 5 dans la province de Constantine : à Constantine, Philippeville, Bône, Sétif et Bougie. Dans chacun de ces tribunaux existe une chambre correctionnelle chargée de juger les délits ; au chef-lieu de chaque département siége une cour d'assises, composée de juges et de jurés tirés au sort parmi les citoyens, et chargée de prononcer sur les crimes. La cour d'appel qui réside à Alger domine toute cette organisation judiciaire.

Ces tribunaux jugent les affaires qui se produisent en territoire civil, et celles qui, dans les communes mixtes du territoire militaire, intéressent des Français ou des Européens.

Les indigènes du territoire militaire sont jugés par les tribunaux musulmans des *cadis* en ce qui concerne les cas particuliers, tels que mariages, divorces, ventes, etc. Ces tribunaux sont au nombre de 159. Les crimes commis en territoire de commandement par les indigènes, sont soumis à la juridiction des conseils de guerre ; quant aux délits, ils sont jugés par une commission disciplinaire de *cercle*, présidée par le commandant supérieur.

Instruction publique. L'instruction publique est donnée, soit par des fonctionnaires de l'État, soit par des maîtres libres. Elle comprend trois catégories : l'enseignement primaire, l'enseignement secondaire et l'enseignement supérieur. L'enseignement primaire consiste dans l'étude des choses indispensables, comme la lecture, l'écriture, les éléments de la grammaire, du calcul, de l'histoire, de la géographie, etc. L'enseignement secondaire, disposant de plus de temps et de plus de ressources, étudie d'une manière plus complète les matières de l'enseignement primaire et plusieurs autres comme les langues anciennes et modernes. L'enseignement supérieur s'occupe d'études spéciales préparant à des professions savantes comme la médecine, le droit, etc.

En France, le territoire est divisé, sous le rapport de l'instruction publique, en circonscriptions, qu'on appelle des académies. A la tête de l'académie, est placé un chef, qu'on nomme recteur. L'Algérie forme une académie, dirigée par un recteur résidant à Alger. Au chef-lieu de chaque département, se trouve un inspecteur, dit d'académie, et deux inspecteurs primaires. L'inspecteur d'académie a la surveillance de tous les établissements d'instruction publique; les inspecteurs primaires ont, comme leur nom l'indique, la surveillance des établissements d'instruction primaire.

L'enseignement supérieur est représenté, en Algérie, par l'école préparatoire de médecine d'Alger, par les trois cours supérieurs d'arabe établis à Alger, à Constantine et à Oran, par les *médraça* ou écoles supérieures musulmanes, qui existent à Alger, à Constantine et à Tlemcen.

L'enseignement secondaire est représenté par le lycée d'Alger et celui de Constantine ; et par neuf collèges, savoir : ceux de Blida, de Médéa et de Miliana, dans le département d'Alger ; de Bône, de Philippeville et de Sétif, dans le département de Constantine ; d'Oran, de Mostaganem et de Tlemcen, dans le département d'Oran.

L'enseignement primaire comprend les cours publics faits aux adultes, les écoles communales et les salles d'asile.

Deux écoles normales pour les instituteurs, à Alger et à Constantine ; une école normale pour les institutrices, à Miliana, préparent des maîtres et des maîtresses pour les écoles primaires.

Questionnaire.

Qu'est-ce que le gouvernement ?

Qu'est-ce que l'administration ?

L'Algérie prend-elle une part au gouvernement de la France ?

Qu'est-ce que le territoire civil et comment se divise-t-il ?

Même question pour le territoire de commandement ?

Qu'est-ce qu'une commune de plein exercice ?

Qu'est-ce qu'une commune mixte ?

Qu'est-ce qu'une commune indigène ?

Qu'est-ce que la cour d'appel ?

Qu'est-ce que l'académie ?

IXᵉ LEÇON

RÉSUMÉ

DÉPARTEMENT D'ALGER. Le département d'Alger a une superficie de 10,522,138 hect. et une population de 1,073,071 habitants.

Territoire civil. Le territoire civil du département d'Alger comprend 4 arrondissements : Alger, Miliana, Orléansville et Tizi-Ouzou.

Territoire de commandement. Le territoire de commandement du département d'Alger forme 5 subdivisions : Alger, Aumale, Médéa, Orléansville et Dellys.

DÉVELOPPEMENT

DÉPARTEMENT D'ALGER. Le département d'Alger est situé dans la partie centrale de l'Algérie, entre les départements de Constantine et d'Oran. Sa population est de 1,073,071 habit., parmi lesquels on compte 81,454 Français, 12,053 Israélites naturalisés, 48,684 Etrangers et 930,880 Indigènes. Sa superficie totale est de 10,522,138 h.

Comme les autres départements algériens, il se divise en territoire civil, d'une contenance de 1,005,683 hect., avec une population de 485,338 personnes, et en territoire de commandement, comprenant une étendue de 9,516,455 hect. et une population de 587,733 personnes. Le territoire civil, dont le chef-lieu est à Alger, est partagé en 4 arrondissements : Alger, Miliana, Orléansville et Tizi-Ouzou.

Arrondissement d'Alger. — Cet arrondissement contient une population de 214,518 habitants, dont 61,373 Français et Israélites naturalisés, 43,462 Etrangers et. 109,683 Indigènes. On y compte 54 communes de plein exercice et 4 communes mixtes.

Alger. La ville d'Alger, qui a donné son nom à tout le pays, doit ce nom aux îlots, aujourd'hui cachés par les constructions, qui, jadis, l'environnaient. *El-Djezaïr* « les îles » tel était, originairement, le nom arabe de cette ville, qui, pendant l'antiquité, s'était appelée *Icosium*. Elle devint importante au XVIe siècle, sous les frères Barberousse, qui en firent le centre de la piraterie turque. Depuis 1830, elle a changé de destination, de population et d'aspect. Quand on entre dans la baie qui s'arrondit entre les caps Caxine et Matifou, on aperçoit, dans l'angle occidental, une masse blanchâtre, et qui semble faite d'un seul morceau. Ce sont les maisons de la ville haute, ou quartier de la Casbah. Les rues de ce quartier, tortueuses, étroites, serrées entre des rangées irrégulières de maisons mauresques, ont conservé le caractère indigène. Les parties plus basses de la ville, occupées par de grandes rues à arcades et des places régulières, avec de hautes maisons et de remarquables édifices, sont vraiment européennes; sur le boulevard de la République ou la place du Gouvernement, on se croirait dans une des grandes villes du midi de la France, n'était la foule bariolée des promeneurs, des ouvriers et des portefaix biskris, mozabites ou kabyles.

Alger possède une réputation, d'ailleurs bien méritée, pour la beauté de son site et la douceur de son climat. Aussi, ce n'est pas seulement la capitale de l'Algérie, la résidence du gouverneur général et le siége de la cour d'appel, le centre des affaires, au moins pour le département, c'est aussi le rendez-vous des promeneurs et des touristes. Toute une population nomade, composée en majeure partie d'Anglais, vient s'y réfugier pendant l'hiver. La population fixe, qui y réside toute l'année, est de 52,708 habitants, dont 25,314 Français et Israélites naturalisés, 16,381 Étrangers et 11,013 Indigènes.

Les environs d'Alger doivent la variété qui fait leur charme à la présence du massif montagneux qui enveloppe la ville. A l'est, le long du rivage, se succèdent l'Agha, Mustapha-Inférieur, Hussein-Dey ; sur les pentes de Mustapha-Supérieur, les blanches maisons de campagne s'encadrent dans la verdure ; à l'ouest, une route court le long de la mer, conduit à Saint-Eugène et à la Pointe-Pescade. De ce côté, le mur presque droit, formé par les rochers, donne au paysage quelque chose de plus sévère.

Dans la plaine de la Mitidja, qui entoure le massif d'Alger et qui est, à son tour, cerclée au sud par une barrière de montagnes, on rencontre des villages importants et même des villes florissantes. A l'est, la Maison-Carrée, l'Alma, le Fondouk ; au sud, l'Arba, Rovigo ; sur le chemin de fer d'Alger à Oran, Boufarick, Blida, Mouzaïaville. *Boufarick*, un des endroits autrefois les plus mortels aux Européens, a dû à des travaux persévérants, aux défrichements, aux plantations, un assainissement complet. C'est aujourd'hui un gros bourg de 7,593 habitants, dans un site ravissant, avec un marché très-fréquenté. *Blida*, dominée par le mont des Beni-Salah, haut de 1640 m. et souvent couvert de neige, est arrosée par les eaux de l'oued *El-Kebir*, fraîche rivière qui descend de cette montagne. Les plantations d'orangers, les jardins admirablement cultivés, décorent et, en même temps, font vivre cette petite ville de 17,937 habitants.

L'arrondissement d'Alger comprend encore plusieurs localités importantes : à l'est d'Alger, à une distance de 39 kil., se trouve la ville de *Coléa*, rapprochée de la mer. C'est pour les Musulmans une ville sainte, où ils vénèrent surtout la *koubba* ou tom-

beau de Sidi-Embarek. La commune dont
Coléa est le centre a une population de
4,127 personnes. Dans les environs se trouve
le monument vulgairement appelé *Tombeau
de la Chrétienne*, et qui semble avoir été, en
réalité, la sépulture d'anciens rois du pays.
— Dans la même direction que Coléa, mais
à une distance beaucoup plus grande, se
trouve la ville de *Cherchell*, surtout remarquable par les vestiges de l'ancienne colonie romaine de *Iol Cæsarea*, située sur le
même emplacement. Aujourd'hui, Cherchell
n'a qu'une importance médiocre ; son port
est petit ; avec ses dépendances, *Zurich* et
Novi, elle n'a qu'une population de 6,497 habitants.

Dans la partie la plus orientale de l'arrondissement, le village de *Palestro*, centre
d'une commune mixte de 19,965 habitants,
est un des rares établissements européens
créés dans la Kabylie. Bien plus au sud,
Aumale, au pied des monts Dira, est une
grande commune de plein exercice de 4,554
âmes. Fondée en 1846, sur les ruines de la
ville romaine d'*Auzia*, Aumale, d'abord sim-

ple position militaire, est devenue, aujour-
d'hui, un centre agricole assez important.

Au sud de Blida, avec laquelle elle communique par la célèbre gorge de *la Chiffa*,
s'élève la jolie ville de *Médéa*. Grâce à son
altitude considérable (920 m. au-dessus du
niveau de la mer), Médéa jouit d'un climat
très-sain. La culture des fruits et des céréales se fait aux environs; celle de la vigne, surtout, a pris un développement qui
en fait la principale ressource du pays. La
commune a, actuellement, 12,454 habitants.
Si, en partant de Médéa, on se dirige droit
au sud, on rencontre Boghar et Boghari : ce
sont deux localités voisines (à 4 kil. l'une de
l'autre), mais cependant distinctes. *Boghar*,
plus au nord, est sur la rive gauche du Chélif; *Boghari*, sur la rive droite. Boghari a
toujours été un marché commercial important; Boghar est surtout une position militaire. Boghar et Boghari sont communes de
plein exercice : la première, avec une population de 2,123 personnes ; la seconde, avec
une population de 1,705 personnes.

Arrondissement de Miliana. Cet arrondis-

sement est situé à l'ouest de celui d'Alger.
Il contient une population de 29,056 personnes, dont 4,868 Français et Israélites
naturalisés; 1,659 Etrangers et 20,657 Indigènes. On y compte 7 communes de plein
exercice et 1 commune mixte.

La ville de *Miliana*, située sur les pentes
du Zaccar, à une altitude de 740^m, domine
la vallée du Chéliff. L'air y est souvent
d'une fraîcheur salubre; l'abondance des
eaux facilite la culture et l'établissement de
petites industries, comme la minoterie. La
population de la commune, où l'élément
européen figure pour une large part, est de
6,306 personnes. Par malheur, le chemin
de fer d'Alger à Oran ne peut escalader
les pentes trop raides du Zaccar. La station
est à 11 kilomètres de Miliana à *Affreville*,
village fondé en 1848, dont l'importance
s'accroît tous les jours, et qui, avec ses
annexes, comprend déjà une population de
3,215 personnes.

Entre Affreville et le territoire de l'arrondissement d'Alger, le chemin de fer
passe à *Vesoul-Benian*, commune de plein

exercice, avec 301 habitants. A 3 kilomètres de Vesoul-Benian, se trouvent les sources d'eau chaude de *Hammam-Rira*, où l'on a installé un établissement pour les malades.

Entre Affreville et le territoire voisin de l'arrondissement d'Orléansville, on rencontre, sur la ligne du chemin de fer, le village de *Duperré*. Duperré, ainsi appelé du nom de l'amiral qui commandait, en 1830, la flotte française, est actuellement le centre d'une commune de plein exercice, qui compte 2,654 habitants.

Dans l'arrondissement de Miliana, il faut encore comprendre *Teniet-el-Had* et ses environs, qui forment comme une île, entourée de tous côtés par le territoire militaire. Le village de Teniet a été d'abord, comme beaucoup de localités algériennes, un poste militaire important, établi pour surveiller l'Ouarensenis. Aujourd'hui, c'est un centre important, qui a pour lui la salubrité de son climat, le voisinage des hautes montagnes, et, surtout, la magnifique forêt des cèdres. — La population est de 2,807 habitants.

Arrondissement d'Orléansville. Cet arrondissement est le plus occidental du département d'Alger. Il touche directement au département d'Oran. Il contient une population de 51,724 personnes, dont 2,993 Français et Israélites naturalisés; 1,733 Étrangers et 45,517 Indigènes. On y compte 3 communes de plein exercice et 3 communes mixtes.

Orléansville a été d'abord un camp, fondé en 1843, par le maréchal Bugeaud. C'est, aujourd'hui, une ville, que sa position dans la vallée du Chéliff et sur le chemin de fer d'Alger à Oran, appelle à un grand avenir. Le climat, très-chaud en été, très-rude en hiver, à cause des vents violents qui soufflent de la montagne, est en voie d'amélioration. Orléansville, avec ses annexes de *La Ferme* et de *Pontéba*, possède une population de 3,531 habitants.

Les autres localités de l'arrondissement, placées sur la ligne du chemin de fer, *Oued-Fodda* à l'est, *Malakoff* à l'ouest d'Orléansville, ne sont encore que des chefs-lieux de commune mixte. Les communes de plein exercice se trouvent dans la partie plus rapprochée de la mer.

Montenotte se trouve sur la route d'Orléansville à Ténès et dans le voisinage de mines importantes. Quant à *Ténès,* c'est un port assez mauvais par lui-même, mais déjà amélioré par des travaux d'art. La ville prendra un grand développement quand elle sera devenue le point d'embarquement pour la vallée moyenne du Chéliff. Elle est, à la fois, le centre d'une commune de plein exercice, qui a 3,539 habitants, et d'une commune mixte qui en a 19,355.

Arrondissement de Tizi-Ouzou. Cet arrondissement est situé à l'est de celui d'Alger ; il touche au département de Constantine. Il contient une population de 141,215 personnes, dont 4,666 Français et Israélites naturalisés, 507 Etrangers et 134,534 Indigènes. Il comprend 5 communes de plein exercice et 4 communes mixtes.

Tizi-Ouzou, comme toutes les localités de l'arrondissement, et, en général, de la Kabylie, a quelque peine à se développer. Les Kabyles tiennent à leurs propriétés, et il y a, par suite, peu de terres disponibles.

Ils sont, en outre, des voisins assez redoutables, et, dans un pays de montagnes, au milieu d'une population indigène très-serrée et très-belliqueuse, les colons ont quelque sujet de craindre pour leur sécurité.

Tizi-Ouzou est muni d'un *bordj* ou fort, à l'abri duquel se groupent les Européens et se tiennent les marchés du samedi. La commune de plein exercice a 4,511 habitants, dont 854 Européens seulement. La commune mixte dont Tizi-Ouzou est également le centre, en a 32,715, presque tous indigènes.

Entre Tizi-Ouzou et Alger, se trouve *Bordj-Ménaïel*, avec sa dépendance d'*Isserville*. Au-delà de Tizi-Ouzou, est *Fort-National*, le plus important des établissements militaires de la Kabylie. Il y a là, non pas un simple bordj, mais une grande enceinte fortifiée, qui a soutenu, non sans gloire, un siége de deux mois, pendant l'insurrection de 1871. La commune de plein exercice a 262 habitants, dont 189 Européens.

Entre la route qui mène d'Alger à Fort-National et la route qui, passant plus au sud, va d'Alger à Sétif, se trouve *Dra-el-Mizan*. Cette localité a été d'abord, et restera longtemps encore, une position militaire avant tout. C'est, cependant, aussi un centre de colonisation, le chef-lieu d'une commune de plein exercice, qui a 1,830 habitants, et d'une commune mixte, qui en a 36,111.

Dellys est la ville maritime de la partie de la Kabylie qui est située dans le département d'Alger. Sans avoir précisément un port, Dellys présente aux navires un point de relâche assez bien abrité contre les vents de l'ouest et du nord-ouest. Dellys est, en même temps, le chef-lieu d'une commune de plein exercice qui a 11,001 habitants et d'une commune mixte qui en a 15,376.

Territoire de commandement. Le territoire de commandement du département d'Alger forme une division dont le siége est à Alger, et 5 subdivisions : Alger, Aumale, Médéa, Orléansville et Dellys.

La subdivision d'Alger comprend 1 cer-

cle qui est à Alger et 1 annexe. L'annexe a
son chef-lieu à l'*Arba,* qui est à la fois le
centre d'une commune de plein exercice et
d'une commune indigène.

La subdivision d'Aumale comprend 2 cercles et 1 annexe. Du cercle d'Aumale dépend l'annexe qui est à *Beni-Mansour,* dans
la Kabylie. Le cercle de *Bou-Sâada* comprend la partie sud-est du territoire de la
division.

Bou-Sâada, centre d'une commune mixte
et d'une commune indigène, est une localité importante où se tient, tous les jours,
un marché, et d'où l'occupation française
surveille tout le bassin du Hodna.

La subdivision de Médéa comprend 4 cercles : Médéa, Boghar, Djelfa, Laghouat, qui
se succèdent en allant du nord au sud. *Médéa* et *Boghar,* déjà chefs-lieux de communes de plein exercice, sont aussi des centres
de communes indigènes. *Djelfa* et *Laghouat,*
situées plus au sud et en plein territoire militaire, sont des centres de communes mixtes et de communes indigènes.

Djelfa, sur la route d'Alger à Laghouat, a

été d'abord un simple bordj, bâti en 1852. Aujourd'hui, une population européenne de 441 personnes s'y est groupée. Un marché assez fréquenté s'y tient deux fois par semaine. — A 136 kilomètres plus loin, c'est-à-dire à 466 kilomètres d'Alger, se dressent les 18,000 palmiers de Laghouat. Enlevée d'assaut, en 1852, après une très-vive résistance, la ville de *Laghouat* a été depuis singulièrement transformée. Des travaux d'utilité générale ont permis d'étendre les plantations environnantes et donné à plusieurs quartiers un aspect tout européen. Il y a maintenant à Laghouat une population européenne de 3,630 personnes. A Laghouat commencent les *Ksours,* véritable traînée d'oasis qui va dans la direction du sud-est, jusqu'à Moghar.

Au sud de Laghouat, et dépassant un peu la limite orientale du département d'Alger, se trouve le *M'zab.* On appelle ainsi un groupe d'oasis, dont les principales villes sont *Gardéia* et *Guerara.* Les Mozabites forment une petite confédération qui s'administre elle-même. — Plus au sud encore, se trouve le pays des *Chaamba*, avec l'oasis d'*El-Goléa*, où a pénétré, en 1873, la colonne du général de Galliffet.

La subdivision d'Orléansville comprend trois cercles : *Miliana, Orléansville, Teniet-el-Had.*

Ces localités, déjà connues comme communes de plein exercice, sont, en même temps, des chefs-lieux de communes indigènes.

La subdivision de Dellys ne comprend qu'un cercle, celui de *Fort-National.*

Questionnaire.

Où est situé le département d'Alger ?

Quelle est l'étendue du département d'Alger ?

Combien le département d'Alger a-t-il d'habitants ?

Quels sont les chefs-lieux d'arrondissement du département ?

Quelles sont les principales localités de l'arrondissement d'Alger ?

Quelles sont les subdivisions du département d'Alger ?

Xᵉ LEÇON

—

RÉSUMÉ

DÉPARTEMENT D'ORAN. Le département d'Oran a une superficie de 11,552,774 hect. et une population de 653,967 habitants.

Territoire civil. Le territoire civil du département d'Oran comprend 5 arrondissements : Oran, Mostaganem, Mascara, Sidi-Bel-Abbès et Tlemcen.

Territoire de commandement. Le territoire de commandement du département d'Oran forme 3 subdivisions : Oran, Mascara, Tlemcen.

DÉVELOPPEMENT

. DÉPARTEMENT D'ORAN. Le département d'Oran est situé à l'ouest de l'Algérie, entre le département d'Alger et le Maroc. Sa population est de 653,967 habitants, parmi lesquels on compte 56,554 Français, 12,493 Israélites naturalisés, 74,489 Étrangers et 510,431 Indigènes. Sa superficie totale est de 11,552,774 hect. Comme les autres départements algériens, il se divise en territoire civil, d'une contenance de 1,749,410 hect., avec une population de 416,465 personnes, et en territoire de commandement, comprenant une étendue de 9,803,364 hect. et une population de 237,502 habitants. Le territoire civil, dont le chef-lieu est à Oran, est partagé en 5 arrondissements : Oran, Mostaganem, Mascara, Sidi-bel-Abbès et Tlemcen.

Arrondissement d'Oran. Cet arrondissement est le plus important de tous. Il contient une population de 151,915 habitants, dont 22,601 Français, 5,713 Israélites naturalisés, 44,788 Etrangers et 78,012 Indigènes. On y compte 26 communes de plein exercice et 3 communes mixtes.

Parmi les localités remarquables, il faut d'abord citer la ville d'*Oran*, qui a mérité de donner son nom à tout le département. Fondée vers l'an 900 après J.-C., conquise en 1509 par les Espagnols, elle fut occupée par eux, sauf l'intervalle de 1708 à 1732, jusqu'en 1792. Elle devint alors la résidence du bey de l'ouest. En 1831, elle fut occupée par les Français. Aujourd'hui, c'est une grande ville, formant un triangle un peu irrégulier, aux pointes duquel s'élèvent les forts de la Moune, de St-André et du Château-Neuf. L'*oued Rehhi*, recouvert aujourd'hui par un tunnel, sépare Oran en deux parties; du côté de l'ouest, la vieille ville espagnole et la Kasbah; du côté de l'est, la ville neuve. Dans les rues, circule une population aux costumes variés, composée de Français, d'Espagnols et de Juifs. La ville d'Oran a 45,640 habitants, dont 11,047 Français, 4,948 Israélites, 24,863 Étrangers et 4,782 Indigènes. L'animation est extrême, à cause du mouvement des affaires. Oran tend à devenir la première place de commerce de l'Algérie. Le chemin de fer, qui vient d'Alger en traversant les fertiles plaines du Chéliff, de l'Habra et du Sig, facilite les échanges par terre; les navires, qui entrent dans le port, établissent des relations directes avec plusieurs pays, et surtout avec l'Espagne. Oran est, de plus, un grand centre administratif, comme siége de la préfecture, de la division et de l'évêché.

A 8 kilomètres à l'ouest d'Oran, se trouve la petite ville de *Mers-el-Kebïr*, ou le *grand port*. Aujourd'hui, que les travaux exécutés à Oran ont permis d'y aborder directement, Mers-el-Kebir a perdu de son importance commerciale ; sa population n'atteint pas 2,000 habitants. Dans les environs d'Oran, on trouve encore *Misserghin*, à 15 kilomètres, commune de 3,180 habitants ; *Saint-Cloud*, qui en a 2,400, etc. Sur le chemin de fer d'Oran à Alger, on trouve : *Sainte-Barbe-du-Tlélat*, d'où part un tronçon qui se dirige sur Sidi-bel-Abbès ; *Saint-Denis-du-Sig*, centre de la grande culture, favorisée par les barrages du Sig ; la commune, a, aujourd'hui, plus de 9,000 habitants. — *Perrégaux*, qui avoisine le barrage de l'Habra. — Sur la côte, et à 37 kilomètres d'Oran, à l'ouest du golfe d'*Arzeu*, est située la ville du même nom. *Arzeu*, qui, avec ses dépendances, n'a guère que 5,600 habitants, n'a pas encore pris l'importance méritée par son port, que les Romains appelaient *Portus magnus* (le grand port).

Arrondissement de Mostaganem. Cet ar-

rondissement contient une population de
123,141 habitants, dont 8,440 Français,
1,549 Israélites naturalisés, 5,924 Étrangers et 107,228 Indigènes. On y compte 15
communes de plein exercice et 4 communes
mixtes.

Mostaganem est une ville presque entièrement européenne, où il n'y a plus qu'un
petit nombre de maisons arabes. Elle a une
population de 10,761 habitants; elle est le
siége d'une sous-préfecture. On trouve aux
environs le village de *Mazagran*, illustré
par la résistance que 123 soldats du 1er ba-
taillon d'Afrique, commandés par le capi-
taine Lelièvre, y opposèrent, en 1840, aux
attaques de plusieurs milliers d'Arabes; *Pé-
lissier*, village agricole de 2,025 habitants;
Aïn-Tédelès et *Aïn-Boudinar*, vers l'embouchure du Chélif. Sur le chemin de fer d'Alger à Oran, sont placées les importantes localités de *Relizane*, dans le voisinage du
barrage de la Mina, centre d'une commune
de plein exercice qui compte 3,785 âmes,
et d'une commune mixte qui en compte
22,437; d'*Inkermann*, centre d'une com-

mune mixte qui a 9,346 habitants. Plus loin, dans l'intérieur des terres et sur la limite même des Hauts-Plateaux, est située la ville de *Tiaret,* construite sur l'emplacement de l'ancienne ville romaine de *Tingartia.* Le pays aux environs est cultivé en céréales et même en vignes ; la population de la commune atteint le chiffre de 2,613 habitants.

Arrondissement de Mascara. Cet arrondissement, situé plus au sud que les deux précédents, ne touche nulle part à la mer. Il contient une population de 47,590 habitants, dont 3,307 Français, 833 Israélites, 2,862 Étrangers et 38,891 Indigènes. Il ne comprend encore qu'une commune de plein exercice et deux vastes communes mixtes.

La ville de *Mascara* fut, pendant plusieurs années, la résidence d'Abd-el-Kader ; les Français l'occupèrent, définitivement, en 1841. C'est aujourd'hui une ville assez importante, dont les environs sont fertiles et surtout très-propres à la culture de la vigne. La population de la commune de plein exercice dépasse 12,430 personnes. La commune mixte dont Mascara est aussi le centre, compte 26,146 habitants. Mascara est, en même temps, le siége d'une sous-préfecture et d'une subdivision militaire.

Arrondissement de Sidi-bel-Abbès. Cet arrondissement, situé plus à l'ouest que celui de Mascara, est, comme lui, tout à l'intérieur des terres. Sa population est de 37,666 habitants, dont 4,459 Français, 430 Israélites, 10,679 Étrangers et 19,866 Indigènes. Il comprend 4 communes de plein exercice et 2 communes mixtes.

La ville de *Sidi-bel-Abbès* est de création toute moderne. Elle a été construite, en 1849, sur l'emplacement d'un marabout, près duquel on avait d'abord élevé une redoute. La fertilité de la plaine environnante, dite *plaine de la Mekerra,* l'abondance des eaux, la salubrité du pays, ont attiré dans la nouvelle ville un grand nombre de colons. On a comparé Sidi-bel-Abbès à une corbeille de verdure. Sa population, déjà forte de 11,992 âmes, ne peut manquer de s'accroître encore, maintenant qu'une ligne nouvelle rattache Bel-Abbès au Tlélat et au chemin de fer d'Alger à Oran.

Arrondissement de Tlemcen. Cet arrondissement est le plus occidental de tous ceux de l'Algérie. Sa population est de 50,302 personnes, dont 4,713 Français, 3,091 Israélites, 4,778 Étrangers et 35,364 Indigènes. Il existe dans l'arrondissement 3 communes de plein exercice et 2 communes mixtes.

La ville de *Tlemcen* a été une des plus grandes villes et des plus florissantes de l'Algérie. Elle a compté jusqu'à 125,000 habitants. Elle conserve, aujourd'hui encore, des traces de son ancienne splendeur. Elle contient dans ses murs un grand nombre de mosquées d'une architecture remarquable. A 2 kilomètres, s'élève le plus beau de tous ces monuments : la magnifique mosquée de *Bou-Medin*, près de laquelle se trouvait, autrefois, une célèbre *médersa* où affluaient les étudiants arabes.

Après avoir décliné sous la domination des Turcs, Tlemcen, devenue française, se relève lentement. Elle a, aujourd'hui, 21,942 habitants ; la culture se fait activement

dans les environs et alimente, tous les jours, le marché de la ville, centre d'une sous-préfecture et d'une subdivision militaire. Tlemcen a besoin de communiquer avec la côte par un chemin de fer.

Nemours, le dernier port de la côte algérienne avant d'arriver au Maroc, est une ville nouvelle qui date de 1844. On la construisit auprès d'un ancien poste de pirates, *Djama-Razouat*, pour avoir un point d'appui dans les expéditions dirigées de ce côté. Aujourd'hui, c'est une petite ville, régulièrement bâtie, sans grande animation, et comptant, avec sa banlieue, 2,065 habitants.

Territoire de commandement. Le territoire de commandement du département d'Oran forme une division, partagée en trois subdivisions : *Oran, Mascara, Tlemcen ;* sa population est de 232,142 habitants.

La subdivision d'Oran comprend un cercle et une annexe. Le chef-lieu du cercle est à *Ammi-Moussa*, l'annexe, à *Zammora*. Ces deux localités sont, en même temps, les centres des seules communes mixtes qui existent dans la subdivision.

La subdivision de Mascara comprend les cercles de *Mascara*, de *Tiaret*, de *Saïda* et de *Géryville*, avec l'annexe d'*Aflou*. Parmi ces localités, Mascara et Tiaret sont déjà connues. *Saïda* possède une très-grande importance ; c'est le centre d'une vaste commune indigène et, aussi, d'une commune mixte, où la population européenne atteint déjà au chiffre de 21,693 personnes. L'exploitation des alfas est la cause de ce peuplement et amènera la prospérité de Saïda, qu'un chemin de fer réunit à la côte.

Géryville, à 326 kilomètres d'Oran, est, comme Laghouat dans le département d'Alger et Biskra dans le département de Constantine, le centre de la domination française dans le Sud. La redoute, près de laquelle se sont groupées les maisons d'un village européen, a été construite en 1853.

La subdivision de Tlemcen comprend le cercle de *Lalla-Marnia*, avec l'annexe de *Nemours*, et les cercles de *Sebdou* et de *Daïa*. *Lalla-Marnia*, qui doit son nom au tombeau d'une sainte très-révérée parmi les indigènes, a été d'abord un poste avancé, chargé de surveiller la frontière du Maroc. C'est, aujourd'hui, le centre d'une commune mixte. *Sebdou*, au sud de Tlemcen, *Daïa*, plus à l'est, sont aussi d'anciens postes, devenus des chefs-lieux de commune mixte.

Questionnaire.

Où est situé le département d'Oran ?

Quelle est l'étendue du département d'Oran ?

Combien le département d'Oran a-t-il d'habitants ?

Quels sont les chefs-lieux d'arrondissement ?

Quelles sont les principales localités de l'arrondissement d'Oran ?

Quelles sont les subdivisions du département ?

XIᵉ LEÇON

RÉSUMÉ

DÉPARTEMENT DE CONSTANTINE. Le département de Constantine a une superficie de 12,735,513 hectares et une population de 1,141,939 habitants.

Territoire civil. Le territoire civil du département de Constantine comprend 6 arrondissements : Constantine, Guelma, Bône, Philippeville, Bougie, Sétif.

Territoire de commandement. Le territoire de commandement comprend 4 subdivisions : Constantine, Bône, Batna, Sétif.

DÉVELOPPEMENT

DÉPARTEMENT DE CONSTANTINE. Le département de Constantine est situé à l'est de l'Algérie, entre le département d'Alger et la Tunisie. Sa population est de 1,141,939 habitants, parmi lesquels on compte 59,333 Français, 8,950 Israélites naturalisés, 35,988 Étrangers et 1,037,668 Indigènes. Sa superficie totale est de

12,735,513 hectares. Il se divise en territoire civil, d'une contenance de 1,841,888 hectares, avec une population de 414,714 personnes, et en territoire de commandement, comprenant une étendue de 10,893,425 hectares et une population de 727,225 personnes.

Le territoire civil, dont le chef-lieu est à Constantine, est partagé en 6 arrondissements : Constantine, Guelma, Bône, Philippeville, Bougie, Sétif.

Arrondissement de Constantine. Cet arrondissement contient une population de 168,710 personnes, dont 16,105 Français, 5,846 Israélites naturalisés, 5,165 Étrangers et 133,675 Indigènes. Il comprend 14 communes de plein exercice et 5 communes mixtes.

La ville de *Constantine,* la *Cirta* de l'antiquité, occupe un plateau étroit que le ravin du Rummel entoure de trois côtés. Cette position pittoresque n'est pas sans quelques inconvénients : l'été, le soleil tombe d'aplomb; l'hiver, le vent souffle avec violence ; la chaleur et le froid sont extrêmes. De plus, la ville est comme à l'étroit sur son rocher.

Il y a quelques rues assez spacieuses, la rue Nationale, par exemple; mais la plupart, surtout dans les quartiers indigènes, ont conservé leur physionomie originale. Le quartier arabe se compose de rues étroites, bordées de petites échoppes où travaillent les boutiquiers : maures, juifs, mozabites, kabyles. Les uns forgeant, les autres fabriquant de menus objets et surtout des chaussures; le travail des étoffes de laine occupe aussi un grand nombre d'ouvriers indigènes. Mais Constantine est surtout une ville commerçante. Sa population, qui s'élève à 34,726 personnes, est très-active, très-laborieuse. A Constantine vient la plus grande partie des blés du département, qu'on achète et qu'on vend sur place dans le beau marché aux grains. Située dans l'intérieur des terres, Constantine a besoin de communiquer rapidement et fréquemment avec la côte. Elle est reliée à Philippeville par un chemin de fer dont la gare se trouve en dehors de la ville, de l'autre côté du Rummel, que l'on traverse sur le magnifique pont d'*El-Kantara*.

Au nord de Constantine et sur la voie du chemin de fer, on rencontre le *Hamma*, dans une vallée fertilisée par des sources thermales; *Condé-Smendou*, centre important qui compte une population de 9,745 personnes. Au sud de Constantine, la grande route qui se dirige vers Biskra passe au *Kroub*, peuplé de 7,124 habitants, où se tient le grand marché aux bestiaux du département.

Batna, à 119 kilomètres de Constantine, a d'abord été un simple camp. Sa position au milieu d'une plaine fertile et riche en céréales, en a fait une ville dont l'importance augmente tous les jours. La population, déjà forte de 4,130 personnes, s'accroîtra encore lorsque le chemin de fer actuellement en projet aura réuni Batna à Constantine.

Batna s'est d'abord appelée la *Nouvelle-Lambèse*; elle a été construite, en effet, tout près des ruines d'une grande ville romaine. Il y a maintenant à *Lambèse* une maison de détention et un village érigé en commune de plein exercice; mais ce que l'on y voit avec le plus d'intérêt, ce sont les vestiges grandioses de la cité romaine.

Arrondissement de Guelma. Cet arrondissement est situé à l'est de celui de Constantine. Il est un de ceux qui confinent directement à la Tunisie. Il contient une population de 27,293 personnes, dont 3,046 Français, 465 Israélites naturalisés, 3,109 Étrangers et 20,139 Indigènes. Il comprend 7 communes de plein exercice et 1 commune mixte.

Guelma se trouve à deux kilomètres de la Seybouse. Elle occupe un emplacement voisin de l'ancienne ville de *Kalama.* Son aspect est celui d'une ville neuve et tout à fait européenne. Les indigènes fréquentent beaucoup les marchés. Un chemin de fer récemment achevé met Guelma en relation avec Bône, son port naturel. Guelma est le chef-lieu d'une commune de plein exercice qui compte 5,233 habitants et d'une commune mixte qui en a 13,693.

Plusieurs centres, *Héliopolis,* 1,137 habitants, *Millesimo,* 1,444, *Clauzel,* 1,220, se groupent autour de Guelma. A 16 kilomètres, sont les sources thermales de *Hammam-Meskhoutin*. *Souk Ahras* (le marché du bruit), se trouve tout à fait à l'est de l'arrondissement. Cette ville, élevée sur l'emplacement de l'ancienne *Thagaste*, occupe une position exceptionnellement favorable. Le pays, très-salubre, est d'une remarquable fertilité; l'eau et le bois s'y trouvent en abondance. Le voisinage de la Tunisie, dont la frontière est à 35 kilomètres seulement, donne lieu à un commerce très-actif. La commune de Souk Ahras, qui date seulement de 1861, compte déjà 3,065 habitants, dont 2,243 Européens.

Arrondissement de Bône. Cet arrondissement est situé, lui aussi, dans la partie orientale du département; il se trouve au nord de l'arrondissement de Guelma. Il contient une population de 65,251 personnes, dont 9,481 Français, 733 Israélites naturalisés, 16,190 Étrangers et 36,511 Indigènes. Il comprend 12 communes de plein exercice et 2 communes mixtes.

Bône, située près de l'ancienne ville romaine d'*Hippone*, a été, jusqu'à la prise de

Constantine, la capitale de la province de l'Est. Elle en est encore le premier port et une des villes les plus importantes. Placée auprès d'une plaine admirablement fertile, dans le voisinage de la région minière de l'Edough, elle est en outre le débouché de toute la vallée de la Seybouse. C'est à Bône, qu'on embarque les céréales, les cuirs, les laines, les bestiaux, les minerais. Le mouvement du port, amélioré par de grands travaux, est très-important. La population arrive au chiffre de 23,186 personnes.

Sur le chemin de fer, et non loin de la voie qui conduit à Guelma, se succèdent *Duzerville, Mondovi, Barral, Duvivier*. A l'ouest, *Aïn-Mokra*, qu'un chemin de fer relie à Bône, est le centre de l'exploitation minière dans cette région. On en a fait le chef-lieu d'une commune de plein exercice et d'une commune mixte. A l'est, le petit port de *La Cale* tout près de la limite tunisienne, a été, dès le xvie siècle, le siége d'un établissement français. La pêche du corail qui s'y faisait alors y continue aujourd'hui pendant la belle saison. Mais les bâtiments

qui s'y livrent sont pour la plupart italiens. La population de La Cale s'élève à
5,961 personnes.

Arrondissement de Philippeville. Cet arrondissement est situé au nord de celui de
Constantine. Il contient une population de
64,134 personnes dont 7,989 Français, 139
Israélites naturalisés, 7,985 Étrangers et
46,895 Indigènes. Il comprend 9 communes de plein exercice et 4 communes
mixtes.

Philippeville est une cité d'origine toute
récente, construite en 1838 sur l'emplacement de *Rusicada* dont on retrouve encore
les restes. Elle présente un aspect assez mo-
notone, et ne se compose guère que d'une
grande place et d'une rue, la rue Nationale,
qui se dirige de cette place vers l'extrémité
opposée de la ville. Ce qu'il y a de plus important à Philippeville, c'est le port que la
construction d'une triple jetée a rendu assez
sûr et en tout cas facilement abordable. Là
se chargent les marchandises que le chemin
de fer apporte de Constantine. Philippeville
est le chef-lieu d'une commune de plein

exercice qui a 13,736 habitants et d'une commune mixte qui en a 4,676.

Tout près de Philippeville se trouve la petite ville de *Stora* qui a été longtemps le seul port de la baie. C'est encore là que les navires se réfugient par les gros temps. Stora est aujourd'hui une bourgade habitée par des pêcheurs. La commune a 969 habitants presque tous Italiens.

Collo se trouve plus à l'ouest. Sa baie est bonne et sûre, mais comme celle de Stora elle a trop peu d'étendue. La création de Philippeville a beaucoup nui à Collo qui n'est plus guère aujourd'hui qu'un simple point de relâche.

A l'autre extrémité de l'arrondissement, le principal centre est la petite ville de *Jemmapes*, chef-lieu d'une commune de plein exercice et d'une commune mixte. Au sud, sur le chemin de fer de Philippeville à Constantine, sont situés les villages de *Saint-Charles*, de *Robertville*, d'*El-Arrouch*. Cette dernière localité est le centre d'une commune de plein exercice, qui a 3,492 habitants et d'une commune mixte qui en a 9,884.

Arrondissement de Bougie. L'arrondissement de Bougie est situé à l'ouest de celui
de Philippeville, il touche du côté occidental au département d'Alger. Il contient une
population de 25,287 personnes, dont 3,251
Français, 415 Israélites naturalisés, 1,067
Étrangers et 19,363 Indigènes. Placé au
bord de la Kabylie, il est formé de territoires assez peu étendus groupés autour des
villes de Bougie et de Djidjelli. Il se compose de 2 communes de plein exercice et
de 2 communes mixtes.

La ville de *Bougie,* placée à l'ouest du
golfe de ce nom, près de l'embouchure de la
Soummam, a été très-florissante surtout au
moyen âge. Quelques travaux d'aménage-
ment suffiraient pour lui donner un port
très-vaste et très-sûr. Actuellement c'est
une jolie ville construite en gradins sur les
pentes d'une montagne, entourée d'une banlieue fertile et pittoresque que domine le fort
du *Gouraya.* Bougie a 4,185 habitants.

Djidjelli est située à l'est de Bougie. Le
manque de fond, la présence de nombreux
écueils obligent les navires à s'arrêter à

quelque distance et rendent l'approche du port dangereuse par le gros temps. Djidjelli se compose de deux parties : l'ancienne ville où sont les établissements militaires, la nouvelle ville qui se construit encore en ce moment. La commune de Djidjelli a 3,952 habitants.

Arrondissement de Sétif. L'arrondissement de Sétif est situé au sud de celui de Bougie et confine aussi au département d'Alger. Il contient une population de 64,039 personnes, dont 4,129 Français, 1,011 Israélites naturalisés, 1,388 Étrangers et 55,120 Indigènes. Il se compose de 5 communes de plein exercice et de 4 communes mixtes.

Sétif est sur l'emplacement de l'ancienne ville romaine de *Sitifis*, au cœur d'une des régions les plus fertiles en céréales qu'il y ait dans toute l'Algérie. Le marché aux grains qui s'y tient tous les dimanches attire plus de 10,000 Indigènes. L'établissement d'un centre de population ne date que de 1847 et déjà la population, pour la commune de plein exercice, s'élève au chiffre de 9,257. Elle se développera encore davantage lorsque le chemin de fer, actuellement projeté, réunira Sétif d'une part à Alger, de l'autre à Constantine.

Sur la route de Sétif à Constantine se trouve *Saint-Arnaud*, commune de plein exercice de 3,288 habitants. De l'autre côté, sur la route d'Alger, sont jalonnés des villages dont le plus important est *Bordj-bou-Arreridj*, forte position militaire qui domine la fertile plaine de la *Medjana*. La commune de plein exercice dont Bordj-bou-Arreridj est le chef-lieu, compte 1,450 habitants.

Territoire de commandement. Le territoire de commandement du département de Constantine forme une division partagée en 4 subdivisions : Constantine, Bône, Batna, Sétif. La subdivision de Constantine comprend les cercles de Constantine, d'Aïn-Beïda avec l'annexe d'El-Milia, les cercles de Tébessa, de Collo et de Djidjelli. Nous connaissons déjà ces deux dernières localités. *Aïn-Beïda* (la source blanche), a d'abord été un simple poste surveillant la route de Constantine à Tébessa. C'est aujourd'hui le chef-lieu d'une commune de

plein exercice avec 2,445 habitants européens et d'une commune indigène.

Tébessa, l'ancienne *Théveste*, présente
encore des ruines magnifiques ; la nouvelle
ville est beaucoup moins grande que l'ancienne cité. La population s'occupe de l'a-
griculture et de commerce avec la Tunisie,
dont la frontière est voisine.

La subdivision de Bône comprend 3 cercles : les cercles de Bône, de Souk Ahras, de
La Cale, occupant la partie nord-est du
territoire de la division.

La subdivision de Batna comprend les
cercles de Batna, de Khenchela, de Biskra
et l'annexe de Barika. — Nous connaissons
déjà Batna.

Khenchela est situé entre Batna, Aïn-Beïda
et Tébessa ; c'est le centre d'une commune
indigène et d'une commune mixte.

Biskra a été souvent appelée la capitale du
Sahara. Elle est la première parmi les villes
arabes du Sud. Ses milliers de palmiers forment au milieu de la triste plaine une véritable forêt verte. Cinq villages indigènes y
sont groupés. La ville européenne se bâtit

autour du fort St-Germain. Chef-lieu d'une commune mixte et d'une commune indigène, Biskra exerce une grande attraction sur les tribus des environs et de tout le Sahara et aussi des touristes. De Biskra part la route qui va au Mzab et aussi celle qui s'enfonçant au sud va jusqu'à Tougourt et de là à Ouargla.

La subdivision de Sétif se compose de 4 cercles : Sétif, Bordj-bou-Arréridj, Bougie, Akbou et de 2 annexes : Takitount et Msila ; Akbou et Takitount sont dans la Kabylie ; Msila sur l'oued Msila surveille le bassin du Hodna.

Questionnaire.

Où est situé le département de Constantine ?

Quelle est son étendue ?

Combien a-t-il d'habitants ?

Quels sont les chefs-lieux d'arrondissement ?

Quelles sont les principales localités de l'arrondissement de Constantine ?

Quelles sont les subdivisions du département de Constantine ?

GÉOGRAPHIE ÉCONOMIQUE

XIIᵉ LEÇON

RÉSUMÉ

TERRES CULTIVÉES. Les terres cultivées de l'Algérie fournissent des cultures alimentaires et des cultures industrielles.

Cultures alimentaires. Les principales cultures alimentaires sont : les *céréales* (blé, seigle, orge, avoine, maïs, sorgho), les *légumes*, la *vigne*.

Cultures industrielles. Les principales cultures industrielles sont : le *tabac*, le *coton*, le *lin* et la *soie*.

TERRES NON CULTIVÉES. Les terres non cultivées produisent le *palmier-nain*, le *diss*, l'*alfa* ou *sparte*, qui sert pour le pâturage et qu'on utilise dans l'industrie.

DÉVELOPPEMENT

GÉOGRAPHIE ÉCONOMIQUE. La géographie physique s'occupe de la terre et des accidents naturels qui s'y produisent; la géographie politique s'occupe des hommes qui vivent sur cette terre; la géographie économique étudie les rapports des hommes avec la terre; elle dit comment ils profitent des ressources naturelles que leur présente le sol, comment ils se procurent par l'agriculture les productions de la terre, comment par l'industrie ils préparent, transforment et approprient à leurs besoins ces diverses productions.

Terres cultivées. Certaines productions viennent d'elles-mêmes; d'autres, et ce sont généralement les plus précieuses, ne peuvent pousser que dans certaines conditions, et réclament des travaux et des soins. L'ensemble de ces travaux et de ces soins s'appelle la *culture*, et les terres auxquelles on les applique s'appellent *terres cultivées.*

La prospérité d'un pays est intéressée au développement de la culture. On peut dire que plus il y a de terres cultivées dans telle contrée, plus les habitants sont nombreux, travailleurs et civilisés. En Algérie, il y a encore sur ce point beaucoup à faire : d'abord, toutes les terres ne sont pas susceptibles d'être cultivées ; ensuite, on n'a pas encore exploité toutes celles qui seraient cultivables. Sur toute la superficie de l'Algérie, il y a à peu près 3 millions d'hectares qui sont cultivés.

Cultures alimentaires. Il y a à distinguer, parmi les cultures, les cultures *alimentaires* et les cultures *industrielles*. Les cultures alimentaires, comme leur nom l'indique, sont celles dont les produits servent à nourrir, soit les hommes, soit les animaux. Les cultures industrielles sont celles dont les produits modifiés par l'industrie doivent servir aux besoins de l'homme, différents de la nutrition.

Parmi les cultures alimentaires, la plus importante est celle des *céréales*. On désigne sous ce nom un certain nombre de produits qui forment la partie essentielle de l'alimentation. Les principales céréales sont : le blé, avec lequel on fait le pain et, en Algérie, le *couscous* ; le seigle, l'orge, l'avoine, le maïs, le sorgho ou *bechna*, dont l'homme se nourrit quand il n'a pas de blé et dont les animaux se contentent volontiers. L'Algérie est un pays très-propre à la culture des céréales ; la nature de son sol s'y prête parfaitement. Aussi, était-elle renommée dans l'antiquité pour son étonnante fertilité. Aujourd'hui, la production des céréales se fait surtout dans les plaines du Tell et dans les Hauts-Plateaux. Les arrondissements d'Alger, de Miliana, d'Oran, de Constantine, de Sétif et de Bône sont ceux qui s'adonnent le plus à cette culture. Les principales céréales produites en Algérie sont : le blé (blé tendre et blé dur) ; l'orge, le maïs, cultivés par les Européens et par les Indigènes ; l'avoine, cultivée surtout par les Européens ; le sorgho, par les Indigènes.

Moins importants que les céréales, les *légumes* tiennent cependant une place assez considérable dans l'alimentation. En Algérie, on cultive surtout, pour la consommation du pays, la fève, les pois, etc. ; les légumes verts sont utilisés en partie pour être consommés sur place, en partie pour être expédiés en France, où ils font défaut pendant les mois d'hiver. Cette culture, dite des *primeurs*, se fait surtout aux environs d'Alger.

La *vigne* ne donne pas seulement un fruit agréable ; avec le raisin, préparé d'une certaine façon, on fait du vin. Aliment liquide excellent, quand il est pris en quantité modérée, le vin devient d'un usage presque général. Un certain nombre de pays seulement sont aptes à le produire : l'Algérie est de ceux-là. Jusqu'ici, les vins algériens ont laissé à désirer, par suite de l'inexpérience des viticulteurs et des défauts de la fabrication. Ces imperfections tendent à disparaître. Déjà quelques crus, ceux de Mascara et de Miliana sont très-estimés. Les vins algériens suffiront bientôt aux besoins de la colonie, et on peut prévoir le temps où ils deviendront un des plus importants parmi les articles d'exportation.

Cultures industrielles. Les principales cultures industrielles de l'Algérie, sont : le *tabac*, le *coton*, le *lin* et la *sériciculture*.

Jusqu'ici, l'Algérie a été surtout un pays agricole ; c'est pour cette cause que les produits industriels, ne pouvant guère être utilisés que pour l'exportation, ne sont pas extrêmement recherchés.

Le *tabac*, quoiqu'il réponde bien plus à une fantaisie qu'à un besoin véritable, est devenu cependant l'objet d'un commerce très-actif. La culture, la manipulation et la vente du tabac sont tout à fait libres en Algérie. Aussi, la production et la consommation sont-elles considérables. L'État, qui achète et façonne, pour les revendre ensuite, des produits algériens, en tire des bénéfices importants.

Le *coton* sert à la fabrication des vêtements; il peut être facilement obtenu en Algérie, grâce au climat. Mais on ne le cultive pas autant que le *lin*, autre plante textile, c'est-à-dire servant à fabriquer des tissus. Quant à la *soie*, elle n'est pas, à proprement parler, un produit végétal; il faut, pour se la procurer, s'occuper à la fois de l'élevage des vers à soie et de la culture des mûriers qui leur servent de nourriture. Le climat de l'Algérie est favorable aux uns et aux autres.

Terres non cultivées. Toutes les terres non cultivées ne sont pas pour cela complétement stériles. Elles donnent souvent des végétaux qu'on utilise le plus ordinairement comme pâturages pour la nourriture des troupeaux, mais qui sont quelquefois susceptibles d'autres usages.

Les principales productions de cette nature, que l'on trouve en Algérie, sont : le *diss*, le *palmier-nain*, l'*alfa* ou *sparte*. Pendant longtemps, ces végétaux n'ont servi qu'à nourrir les animaux. Aujourd'hui, on les utilise aussi dans l'industrie, et ces plantes sont devenues pour l'Algérie une véritable richesse. Avec les fibres du diss, on fabrique des cordes ; avec le palmier-nain, une sorte de crin dit *crin végétal*. Mais le plus important de tous est l'*alfa* ou *sparte* que l'on emploie pour la corderie, la confection des nattes, la fabrication du papier et du carton. L'alfa se trouve en Algérie sur des étendues considérables ; il recouvre, dans toute la région des Hauts-Plateaux, une vaste zone qui va en s'élargissant de l'est à l'ouest, et qui est, par conséquent, surtout importante dans le département d'Oran. L'alfa recouvre ainsi une surface d'environ 4 millions d'hectares.

Questionnaire.

Qu'est-ce que la géographie économique ?

Qu'est-ce qu'une terre cultivée ?

Quelle est en Algérie l'étendue des terres cultivées ?

Qu'est-ce qu'une culture alimentaire ?

Quelles sont en Algérie les principales cultures alimentaires ?

Quelles sont en Algérie les principales cultures industrielles ?

Quelles sont les productions des terres non cultivées ?

Qu'est-ce que l'alfa ?

XIIIe LEÇON

—

RÉSUMÉ

FORÊTS. L'Algérie possède 2,250,000 hectares de forêts, plus les oasis.

ESSENCES. Les principales essences des forêts de l'Algérie sont : le *chêne-liége*, le *chêne vert*, le *chêne zéen*, le *cèdre*, le *thuya*, le *pin d'Alep*, l'*eucalyptus* et, dans les oasis, le *palmier*.

FORÊTS DU DÉPARTEMENT DE CONSTANTINE. Ce sont : les forêts des *Beni-Salah*, du *Guergour*, d'*Akfadou*, de *Chettalib*, de l'*Oued-Tamza*, de l'*Aurès*, du *Bou-Taleb*, des *Ouled-Hannech ; Biskra, Sidi-Okba, El-Amri, Zaatcha*, sont les principales oasis.

FORÊTS DU DÉPARTEMENT D'ALGER. Ce sont : les forêts de *Ksenna*, des *Beni-Slimane*, des *Ouled-Anteur*, des *Ouled-Hellal*, de *Teniet-el-Had*, de *Hadjar-el-Meleh*, du *Charef*, du *Senalba*. Les principales oasis sont : celle de *Laghouat* et celles du *Mzab*.

FORÊTS DU DÉPARTEMENT D'ORAN. Ce

sont : les forêts de *Sdama*, de *Mhamid*, de *Muley-Ismaël*, de *Guetarnia*, de *Tendfeld*, de *Djaffra-Cheraga*, de *Takouka*, des *Ouled-Balagh*. Les principales oasis sont les ksours : *Brizina*, l'*Abiod*, *Asla*, *Tiour*, *Moghar*

DÉVELOPPEMENT

FORÊTS. Dans les terres de culture et de pâturage poussent les végétaux de petite dimension ; dans les forêts poussent les grands végétaux, les arbres.

L'utilité des forêts est aujourd'hui universellement reconnue. Longtemps on n'a connu que leur utilité immédiate. On a usé sans ménagement de leurs feuilles pour faire du fourrage, de leurs arbres pour faire du bois de chauffage et de construction. On s'aperçoit maintenant que les forêts servent à autre chose, et que si on peut continuer de les exploiter avec modération, il faut soigneusement se garder de les épuiser. La forêt, en effet, est nécessaire à la salubrité du pays ; elle absorbe les miasmes, les exhalaisons malsaines ; l'immense respiration de ses végétaux renouvelle et purifie l'atmosphère. La forêt produit et attire les pluies ; elle leur donne, de plus, une régularité précieuse. L'eau, tombant sur le feuillage, est retenue par lui et ne filtre que goutte à goutte. Les détritus, les feuilles mortes qui jonchent le sol, puis les racines qui s'enchevêtrent au-dessous, lui font subir un second et un troisième arrêt. L'eau du ciel, au lieu de s'écouler violemment, s'introduit ainsi doucement dans le sol et y forme des nappes souterraines d'où elle s'écoule peu à peu par des sources toujours fraîches et abondantes. Elle peut ainsi former des rivières et des fleuves. Si, au contraire, il n'y a point de forêts, la pluie tombe avec violence sur le sol nu, le bat, le détrempe et l'entraîne avec elle dans sa course furieuse. Elle forme alors ces pentes rapides qu'on appelle des *torrents*. A la saison des pluies, l'eau roule avec fracas et s'en va se perdre au loin, sans profit pour le pays qu'elle traverse. A l'époque de la sécheresse, comme il n'y a point de réserves souterraines, il n'y a point d'eau. La présence, la régularité et aussi la bonne qualité des eaux, dépendent donc de la présence des forêts.

C'est pour ces diverses raisons qu'on s'occupe activement dans les pays qui n'ont point, ou qui n'ont plus de forêts, d'en établir au moyen du reboisement; dans les pays qui ont des forêts, la tâche est plus facile : il suffit de les conserver.

Étendue et principales essences. L'Algérie possède des forêts ayant ensemble une étendue d'environ 2,250,000 hectares. Les principales essences de ces forêts, c'est-à-dire les espèces d'arbres qu'on y rencontre le plus sont : le chêne-liége dont l'écorce donne le liége, le chêne vert excellent pour la fabrication des meubles, le chêne zéen utilisé dans les constructions navales, le cèdre propre à fournir la charpente pour les bâtiments et le bois pour les meubles, le thuya très-recherché pour ce dernier usage, le pin d'Alep riche en résine et en gomme, l'eucalyptus importé d'Australie et remarquable pour la rapidité de sa croissance qui fait de lui un des meilleurs agents d'assainissement. On peut compter aussi comme arbres de forêts, les palmiers, qui dans les oasis du Sud forment des massifs comptant des milliers de têtes.

Sur les forêts de l'Algérie, la moitié environ est comprise dans le département de Constantine; le reste se partage inégalement entre les départements d'Oran et d'Alger; ce dernier est le moins favorisé.

Forêts du département de Constantine. Les principales forêts du département de Constantine sont : dans le Tell, celle des *Beni-Salah* (19,277 hect.), qui contient surtout des chênes verts et des chênes zéens; celle du *Guergour* (14,000 hect.), plantée en chênes verts; celle d'*Akfadou* en chênes zéens (8,100 hect.). Dans la région des plateaux, la forêt de *Chettalib* (21,164 hect.) contient des pins d'Alep; celle de l'*Oued-Tamza* (20,780 hect.), des chênes verts, des chênes-liége, des pins; celle de l'*Aurès* (25,000 hect.), des chênes verts et des cèdres; celle de *Bou-Taleb* (28,720 hect.), des chênes verts, des chênes-liége, des pins; celle des *Ouled-Hamech* (12,000 hect.), des chênes verts. Dans le Sahara de Constantine, *Bis-*

kra et le groupe d'oasis qui l'entoure : *Sidi-Okba*, *El-Amri*, *Zaatcha*, forment de véritables forêts de palmiers. Biskra seule en possède 140,000.

Forêts du département d'Alger. Dans le département d'Alger, les principales forêts du Tell sont celles de *Ksenna* (10,486 hect.), celle des *Beni-Slimane* (19,150 hect.), celle des *Ouled-Anteur* (12,668 hect.), celle des *Ouled-Hellal* (12,450 hect.), plantées en pins d'Alep, et la fameuse forêt de *Teniet-el-Had*, qui ne dresse ses cèdres que sur une étendue de 3,090 hectares. Dans les plateaux, les forêts de *Hadjar-el-Meleh* (26,800 hect.), de *Charef* (15,000 hect.), du *Senalba* (36,800 hect.), donnent, comme la plupart de celles du Tell, des pins d'Alep. Dans le Sahara d'Alger est l'oasis de *Laghouat* et, plus au sud, les oasis du Mzab : *Gardaïa*, *Guerrara*, *Metlili*.

Forêts du département d'Oran. Les forêts du département d'Oran sont presque toutes dans le Tell, la région des Hauts-Plateaux est occupée par les alfas. Les principales forêts sont celles de *Sdama* (83,000 hect.), de *Mhamid* (16,774 hect.), plantées en chênes verts ; celle de *Muley-Ismaël*, située au sud d'Oran ; celles de *Guetarnia* (8,627 hect.), de *Tendfeld* (60,369 hect.), de *Djaffra-Cheraga* (30,172 hect.), de *Takouka* (5,070 hect.), plantées en pins d'Alep, et la grande forêt des *Ouled-Balagh*, d'une contenance de 72,574 hectares, que se partagent le pin d'Alep et le chêne vert. Dans le sud du département, au delà de Géryville, se trouvent les oasis ou ksours : *Brisina*, *Arba*, l'*Abiod*, *Asla*, *Tiour*, *Moghar*.

Questionnaire.

Qu'est-ce qu'une forêt ?

A quoi servent les forêts ?

Qu'est-ce que le reboisement ?

Quelle est l'étendue des forêts de l'Algérie ?

Quelles sont les principales essences de l'Algérie ?

Quelles sont les principales forêts du département de Constantine ?

Même question pour le département d'Alger ?

Même question pour le département d'Oran ?

XIVᵉ LEÇON

—

RÉSUMÉ

ANIMAUX. Les animaux se divisent en animaux *sauvages* et *féroces* et en animaux *domestiques*.

ANIMAUX SAUVAGES ET FÉROCES. Les principaux animaux sauvages de l'Algérie sont : le *lièvre*, la *gazelle*, le *mouflon*, l'*antilope*, le *sanglier ;* les animaux féroces sont : le *chacal*, le *lion* et la *panthère*.

ANIMAUX NUISIBLES. Ce sont : l'*aspic*, la *vipère*, le *scorpion*, le *moustique*, la *sauterelle*.

ANIMAUX DOMESTIQUES. Les principaux sont : le *chien*, le *cheval*, l'*âne*, le *mulet*, le *chameau*, le *bœuf*, le *mouton*, la *chèvre*, le *porc* et les volatiles de basse-cour.

ANIMAUX UTILES. Les *poissons*, les *mollusques* et beaucoup d'oiseaux servent à l'alimentation ; quelques espèces ailées, particulièrement la *cigogne* et l'*hirondelle*, sont pour l'homme des auxiliaires utiles.

DÉVELOPPEMENT

ANIMAUX. Dans les forêts surtout errent et se cachent les animaux sauvages ; sur les pâturages et les terres cultivées vivent, à côté de l'homme, les animaux domestiques. On donne le nom d'animaux *sauvages* à ceux qui ont conservé leur liberté, qui se nourrissent au hasard des aliments qu'ils rencontrent, et qui sont pour l'homme défiants ou ennemis. Certains d'entre eux servent cependant à son divertissement ou à sa nourriture, lorsqu'il les poursuit et les atteint en chassant. Mais d'autres, armés par la nature de puissants moyens de défense, lui font une guerre acharnée, l'attaquent parfois lui-même et ne peuvent être détruits qu'au prix de grands dangers.

Ce sont les animaux *féroces*.

ANIMAUX SAUVAGES ET FÉROCES. En Algérie, il existe des animaux simplement sauvages : le *lièvre* qui disparaît de plus en plus, la *gazelle* qui parcourt en troupes le Sahara, le *mouflon à manchettes* qui bondit sur les montagnes, l'*antilope* ou *meha* qui habite le désert, le *sanglier*, très-nom-breux dans les montagnes boisées. Les *chacals*, sans être dangereux pour l'homme, sont pour les basses-cours des pillards redou-tés. Le *lion* et la *panthère* sont de véritables bêtes féroces qui dévastent les fermes et les douars, attaquent audacieusement les hom-mes et se défendent avec fureur quand on veut les détruire. Heureusement, le nombre de ces incommodes voisins diminue tous les jours. On ne signale plus guère de lions que dans le département de Constan-tine.

ANIMAUX NUISIBLES. Dans la catégorie des animaux nuisibles, on peut ranger, ou-tre les grands carnassiers ou animaux se repaissant de chair, certains reptiles ou pe-tits animaux rampants dont la morsure est dangereuse : l'*aspic*, la *vipère* et certains insectes dont la piqûre peut être funeste, comme l'est celle du *scorpion*, ou seulement incommode, comme est celle du *moustique*. Les *sauterelles* ne piquent ni ne mordent les hommes, mais elles dévorent la végéta-tion ; et comme elles arrivent toujours en bandes considérables, leur présence est à bon droit regardée comme un terrible fléau.

Animaux domestiques. Les animaux domestiques sont ceux que l'homme a pour ainsi dire enrôlés à son service. Il les repaît, les élève et les soigne; mais, en retour, il s'aide de leur travail, se revêt de leur dépouille et se nourrit de leur chair. Les principales races domestiques existantes en Algérie sont : le *chien*, le *cheval*, l'*âne*, le *mulet*, le *chameau*, le *bœuf*, le *mouton*, la *chèvre* et le *porc*. On peut y ajouter les volatiles de basse-cour.

Chien. Le chien est pour l'homme un compagnon et un auxiliaire; c'est lui qui garde la maison, qui aide le chasseur à poursuivre sa proie, le berger à veiller sur son troupeau. Il y a en Algérie une race de chiens remarquable : celle des *Slouguis* ou lévriers sahariens.

Cheval. Le cheval sert comme bête de trait et surtout comme monture; le cheval de race algérienne, connu sous le nom de *barbe*, est une excellente bête de course.

Ane. L'âne, très-nombreux en Algérie,

rend de grands services à la population indigène et transporte des fardeaux relativement considérables.

Mulet. Les mulets, provenant de l'union du cheval et de l'âne, ont les qualités des deux races ; ce sont de solides bêtes de trait.

Chameau. Le chameau est la monture des Arabes du Sahara ; il transporte les hommes et les fardeaux, souffre des privations très-dures et parcourt des distances considérables. Cependant on s'est beaucoup exagéré l'importance de cet animal ; la charge qu'il peut porter n'est pas très-volumineuse, et si les caravanes du Sahara s'en tiennent à ce moyen de transport, c'est qu'elles n'ont pas mieux.

Bœuf. De tous les animaux domestiques, le plus utile est peut-être le bœuf. On l'utilise pour le dur travail des champs et même pour les charrois. La *vache*, sa femelle, donne du lait avec lequel on fait du beurre et du fromage. C'est le bœuf qui donne la meilleure de toutes les viandes de boucherie. En Algérie, les bœufs ne possèdent pas au même degré toutes les qualités des races européennes. Petits et maigres, ils sont cependant laborieux et patients, et rendent des services comme bêtes de travail ; mais les vaches sont mauvaises laitières et la viande de bœuf est de qualité médiocre.

Mouton. L'élevage du mouton se fait sur une grande échelle en Algérie. Les tribus voyageuses qui vont, suivant la saison, du Sahara dans les plateaux et des plateaux dans le Sahara, conduisent avec elles des troupeaux considérables. Le mouton est recherché pour sa chair et pour sa laine qui sert à fabriquer les étoffes. La viande du mouton algérien est excellente ; quant à la laine, il faudra, pour en améliorer la qualité, des perfectionnements dans les procédés d'élevage usités parmi les indigènes.

La *chèvre* donne son lait, son poil, sa peau, sa chair. Cependant ce n'est point l'animal des pays riches ; on ne l'élève guère que dans les contrées pauvres, où les montagnes n'offrent que de maigres pâturages. C'est que la chèvre est redoutable pour les plantations et surtout pour les forêts, dont elle dévaste les jeunes pousses.

Porc. Le porc, dont la consommation est interdite aux Israélites et aux Musulmans, ne se trouve guère en Algérie que dans les villages européens. C'est un animal utile à cause de la facilité avec laquelle on l'élève; mais sa chair est loin de valoir pour l'alimentation celle du bœuf ou du mouton.

Volatiles de basse-cour. La *poule*, le *canard*, le *dindon*, l'*oie*, le *faisan*, le *pigeon*, sont les principaux volatiles de basse-cour. Les plumages utilisés dans l'industrie agricole, les *œufs* et la *viande*, complément de l'alimentation, offrent des ressources importantes au cultivateur.

ANIMAUX UTILES. Après les animaux sauvages nous avons nommé les animaux nuisibles. Indiquons maintenant ceux qui, sans être domestiques, rendent cependant des services à l'homme. Nommons d'abord les innombrables habitants des eaux : les *poissons* et les *mollusques* ; puis les oiseaux : l'*autruche*, que l'on poursuit pour ses plumes et ses œufs, la *perdrix*, la *caille*, la *bécasse*, qu'on chasse en Algérie comme en France. Mais certaines espèces sont les véritables alliées de l'homme : l'*hirondelle* fait une guerre active aux insectes, la *cigogne* détruit d'innombrables quantités de reptiles et de sauterelles.

Questionnaire.

Qu'est-ce qu'un animal sauvage ?

Qu'est-ce qu'un animal féroce ?

Qu'est-ce qu'un animal domestique ?

Quels sont les principaux animaux sauvages et les principaux animaux féroces de l'Al-géric ?

Quels sont les principaux reptiles et insectes nuisibles ?

Quels sont les animaux domestiques de l'Algérie?

Quels sont, outre les animaux domestiques, les principaux animaux utiles ?

XVᵉ LEÇON

—

RÉSUMÉ

INDUSTRIE. — *Industrie extractive.* L'industrie extractive comprend l'exploitation des carrières, des salines et des mines.

CARRIÈRES. Les carrières les plus importantes de l'Algérie sont les carrières de marbre. Les principales sont : Dans le département d'Alger : celles de *Bou-Zegza*, de l'*Oued-Keddara*, du *Djebel-Chenoua*. — Dans le département de Constantine : celles du *Filfila*, de *Bône*, du *Cap de Garde*, de *Bougie*. — Dans le département d'Oran : celles du *Djebel-Orousse*, de l'*Oued-Madagre*, du *Djebel-Touïla*, de l'*Isser*, de *Sidi-Brahim*.

SALINES. Le sel s'extrait à l'état de sel gemme ou bien se trouve contenu dans les eaux stagnantes. Les principales salines de l'Algérie sont les *chotts Zarès*, la *saline d'Arzeu* et les lacs du département de Constantine.

MINES ET MINIÈRES. Les produits minéraux de l'Algérie sont : le *fer*, le *cuivre*, le *plomb*, le *zinc*, le *mercure*. Les principaux gisements sont : Département d'Alger : les mines de *Souma* et de *Gouraya*, les minières de l'*Oued-Keddach*, du *Zaccar-Rarbi*, de l'*Oued-Rouina*, des *Attaf*, du *Djebel-Temoulga*. — Département d'Oran : les mines de *Gar-Rouban* et des *Oulad Maziz*, les minières du *Djebel Orousse*, de *Tazout*, du *Djebel Haouaria*, de *Tenikrent*, des *Beni-Saf*. — Département de Constantine : les mines de *Bou-Hamra*, de *Karezas*, d'*Aïn-Mokra*, d'*Aïn-Barbar*, de *Kef-oum-Teboul*, du *cap Cavallo*, d'*Hammam N'baïl*, d'*Aïn-Arko*, les minières de l'*Oued-Rira*, du *Djebel-Filfila*, de *Sedma*, du *Djebel-Anini*.

Industries alimentaires. Les principales en Algérie sont : les *minoteries*, les fabriques de *conserves alimentaires*, les *distilleries*, les *brasseries*.

Industries diverses. Les principales sont : la *fabrication du tabac*, celle des *essences*, celle des *objets de liége* et celle du *papier*.

DÉVELOPPEMENT

Industrie. On donne le nom général

d'*industrie* aux travaux par lesquels l'homme transforme et adapte à son usage les productions naturelles. L'œuvre de l'industrie commence alors que s'arrête l'œuvre de l'agriculture. Semer et récolter du chanvre, c'est exécuter un travail agricole ; séparer et sécher les filaments du chanvre, les réunir ensuite en les tissant de façon à en faire de la toile, c'est exécuter un travail industriel. D'ordinaire, l'industrie ne vient dans un pays qu'après l'agriculture, et l'on voit aisément pourquoi la première nécessité pour une population c'est de se nourrir ; l'agriculture donnant du pain, on se tourne d'abord vers l'agriculture. Quant aux objets d'habillement et d'ameublement, aux instruments de travail, ou on les fait venir du dehors en les payant très-cher, ou bien on se contente de choses très-grossières et très-imparfaites. Plus tard seulement, quand on a pourvu aux besoins les plus urgents, quand la subsistance est à peu près assurée, on s'occupe de ce qui peut rendre le travail plus facile, le loisir plus agréable et la vie plus douce : l'industrie commence à naître.

L'Algérie, pays nouveau où la civilisation européenne n'a commencé de s'introduire qu'en 1830, est une contrée essentiellement agricole. L'industrie n'y a pas encore pris les grands développements auxquels elle doit atteindre un jour.

INDUSTRIES EXTRACTIVES. Les industries les plus importantes qu'il y ait actuellement en Algérie, sont les *industries extractives*. On appelle ainsi certaines industries qui consistent à tirer du sol, à *extraire*, soit les parties de ce sol susceptibles d'être utilisées, soit des produits dits minéraux contenus dans ce sol.

CARRIÈRES. L'extraction des parties du sol dont on peut faire usage s'opère au moyen de carrières ou de galeries qu'on creuse dans la terre ; à mesure que l'on creuse, les déblais sont enlevés. Rien n'est plus simple et plus facile à comprendre. Ce qui complique ce travail, ce sont les précautions que l'on prend pour extraire des produits d'une dimension suffisante et pour éviter les accidents, tels que les éboulements, etc.

Les terrains dans lesquels on pratique des carrières sont surtout ceux qui donnent des matériaux de construction : la *pierre à plâtre*, la *pierre à bâtir*, le *marbre*. On exploite en Algérie des carrières de toute espèce ; mais les plus importantes sont celles qui fournissent le marbre. Les principales carrières de marbre sont : Dans le département d'Alger : la carrière de *Bou-Zegza* et celle de l'*Oued-Keddara*, entre le Fondouk et Palestro ; la carrière du *Djebel-Chenoua* à quelque distance de Cherchell. — Dans le département de Constantine : la carrière du *Cap de Garde* et celle de *Bône*, dans les environs de cette ville ; la carrière du *Filfila*, non loin de Philippeville ; la carrière de *Bougie*. — Dans le département d'Oran : la carrière du *Djebel-Orousse*, près d'Arzeu ; celle de l'*Oued-Madagre*, à l'ouest d'Oran ; celle du *Djebel-Touila*, au nord d'Aïn-Temouchent ; celle de l'*Isser*, entre Aïn-Temouchent et Tlemcen et celle de *Sidi-Brahim*, au sud de Nemours.

SALINES. On peut considérer comme des parties du sol susceptibles d'être utilisées, les dépôts de sel laissés dans la terre par les eaux. Quand il se trouve ainsi à l'état solide, le sel prend le nom de *sel gemme* ; on l'extrait alors comme de la pierre ou du marbre. Le fameux *Rocher de sel*, au nord de Djelfa (département d'Alger), la montagne d'*El-Melah*, près d'El-Outaïa (département de Constantine), sont les plus connus de ces dépôts.

Mais, le plus souvent, ce n'est pas à l'état solide que le sel se trouve. Il est mêlé à l'eau de la mer et, aussi, à un grand nombre de nappes stagnantes. Les *chotts*, les lacs intérieurs de l'Algérie en contiennent une très-grande quantité. On a mis en exploitation quelques-uns de ces lacs et on en a fait des salines. Les principales salines sont, dans le département d'Alger, les deux *Chotts-Zarès* ; dans le département d'Oran, le *lac salé d'Oran*, la *Saline d'Arzeu ;* et dans le département de Constantine, les lacs qui se suivent entre Sétif, Constantine, Batna et Tébessa.

MINES ET MINIÈRES. L'extraction des produits minéraux, dont les principaux sont : le *charbon de terre*, le *fer*, l'*or*, l'*argent*, le *cuivre*, le *plomb*, le *zinc*, le *mercure*, etc., se fait dans les minières et les mines. On appelle minière une exploitation à ciel ouvert ; le produit cherché se trouve à la suface du sol ; on n'a guère qu'à le recueillir. La mine au contraire se compose de galeries souterraines situées souvent à une profondeur assez considérable ; on y descend au moyen de puits.

L'énumération même des principaux produits minéraux montre assez combien il est utile de posséder et d'exploiter des mines. Le charbon de terre est le combustible indispensable pour les machines à vapeur, sans lesquelles la grande industrie ne peut fonctionner, ni les grandes communications par chemin de fer et paquebot s'établir. Un pays qui n'a point de charbon de terre est obligé de le faire venir à grands frais du dehors. Le fer est le métal précieux dont on se sert pour la construction même des machines, des paquebots, des chemins de fer ; les outils, les armes sont aussi faits avec le fer ou avec l'acier qui n'est que du fer transformé. Bien que moindre, l'utilité de l'or, de l'argent, du cuivre, etc., est encore considérable.

L'Algérie possède de grandes richesses minérales. Jusqu'ici on n'a point découvert des gisements sérieux de combustibles et c'est là une des causes qui retardent les progrès de l'industrie coloniale. En revanche l'Algérie a du fer, du cuivre, du plomb, du zinc, du mercure, etc. Le fer surtout s'y trouve en quantité considérable ; les mines et les minières exploitées donnent déjà de fort beaux résultats, et cependant on n'exploite pas encore toutes celles qui sont connues et on est surtout très-loin de connaître toutes celles qui existent. Par malheur les inconvénients du manque de combustible se font déjà sentir. Le fer se trouve dans le sol à l'état de *minerai*, c'est-à-dire mélangé avec des matières étrangères. Pour le séparer de ces matières et le rendre propre aux différents usages, il faut lui faire subir une préparation qui nécessite de grands établissements industriels et surtout une consommation de combustible considérable. L'Al-

gérie n'a pas jusqu'à présent de grande
industrie métallurgique ; elle ne peut traiter
son fer chez elle. Elle l'expédie à l'état de
minerai et il lui revient façonné, fabriqué
sous forme de machines, de wagons, d'outils.
Il en est à peu près de même pour les autres
produits minéraux.

Néanmoins, telle qu'elle est, l'exploitation
minière constitue déjà pour l'Algérie une
ressource importante. Les principaux gisements de fer actuellement en exploitation
sont : Dans le département d'Alger, les
mines de *Souma* près de Blida, de *Gouraya*
entre Cherchell et Ténès, les minières de
l'*Oued-Keddach* entre Ménerville et la mer,
du *Zaccar-Rarbi* au nord de Miliana, de
l'*Oued-Rouïna*, des *Attafs* et du *Djebel-Temoulga* entre Miliana et Orléansville. Dans
le département d'Oran, on exploite des
minières de fer au *Djebel-Orousse* près d'Arzeu, à *Tazout* entre Arzeu et Oran, au
Djebel-Haouaria, à *Tenikrent*, aux *Beni-Saf*
près de la côte à l'est de l'île Rachgoun.
Dans le département de Constantine, les
mines de *Bou-Hamra*, de *Karezas*, d'*Aïn-*

Mokra, d'*El-Mkimesse*, sont groupées au sud de Bône ; les minières de l'*Oued-Rira* et du *Filfila* se trouvent dans le voisinage de Philippeville ; celle de *Sedma* près de Collo et celle du *Djebel-Anini* au nord-ouest de Sétif.

Le département d'Alger exploite encore du cuivre aux mines de *Gouraya* ; le département d'Oran, du plomb et du cuivre à *Gar-Rouban*, sur la frontière du Maroc, du zinc et du plomb aux *Oulad-Maziz*, au sud de Nemours ; le département de Constantine exploite du plomb à *Kef-Oum-Teboul* près de la Calle, du cuivre à *Aïn-Barbar* aux environs de Bône, du zinc à *Hammam-N'baïl* au sud de Guelma et à *Aïn-Arko* à l'est de Constantine, du plomb et du cuivre au cap *Cavallo* près de Djidjelli.

De toutes les exploitations qui viennent d'être énumérées, la plus importante est actuellement la mine de fer d'*Aïn-Mokra*, qui occupe plus de 1,500 ouvriers ; elle a nécessité la création du petit chemin de fer de Bône à Aïn-Mokra, et contribue pour une très-grande part au mouvement du port de Bône où vont s'embarquer ses minerais.

INDUSTRIES ALIMENTAIRES. On peut ranger sous cette dénomination les industries qui transforment certains produits du sol de manière à les rendre propres à l'alimentation. Il n'est point de pays qui ne possède au moins quelques industries de cette nature. L'Algérie a ainsi des minoteries où des moulins mis en mouvement par le vent, l'eau ou la vapeur, réduisent le grain en farine et où quelquefois on fait avec cette farine des pâtes alimentaires. On y fabrique aussi des conserves avec des poissons que l'on sale ou que l'on prépare dans l'huile. Le poisson ainsi utilisé est surtout la sardine. Cette industrie est la principale ressource de plusieurs petits ports, Collo, La Cale, Stora. La fabrication de l'huile au moyen de moulins, des liqueurs au moyen de la distillation, des bières dans les brasseries, commence aussi à se répandre.

INDUSTRIES DIVERSES. Outre l'alimentation, l'homme a d'autres besoins urgents, comme le logement, le vêtement, l'ameublement. Il existe en Algérie des briqueteries et des tuileries où l'on prépare des matériaux de construction, des tanneries où s'apprêtent les peaux, des cordonneries où se fabriquent les chaussures. On y fait des meubles, des tapisseries, des ustensiles de ménage (poterie kabyle), des armes, des objets de luxe (bijouterie).

En outre, pour la nature même de ses productions, l'Algérie semble appelée à développer particulièrement chez elle certaines industries. Elle s'occupe déjà activement, soit pour sa propre consommation, soit même pour l'exportation de la fabrication des tabacs, des essences odoriférantes, des objets de liége, bouchons, etc., et enfin du papier dont la matière première lui est fournie en abondance par l'alfa.

Questionnaire.

Qu'est-ce que l'industrie ?

L'Algérie est-elle un pays industriel ?

Qu'appelle-t-on industrie extractive ?

Qu'est-ce qu'une carrière ?

Quelles sont les principales carrières de marbre de l'Algérie ?

Qu'est-ce que le sel gemme ?

Quelles sont les principales salines de l'Algérie ?

Qu'est-ce qu'une mine?

Qu'est-ce qu'une minière?

Quel est le grand produit minéral qui manque à l'Algérie?

Quels sont les produits minéraux de l'Algérie?

Quelles sont les mines du département d'Alger?

Même question pour le département d'Oran?

Même question pour le département de Constantine?

Qu'est-ce qu'une industrie alimentaire?

XVIᵉ LEÇON

RÉSUMÉ

COMMERCE. On distingue deux genres de commerce, le commerce *intérieur* et le commerce *extérieur*.

VOIES DE COMMUNICATION. L'Algérie a des routes et des chemins de fer; les routes nationales sont : celles d'Alger à Oran, — d'Alger à Constantine, — d'Alger à Lagouath, — d'Oran à Tlemcen, — de Constantine à Biskra. Les lignes de chemin de fer sont : celles d'Alger à Oran, — du Tlélat à Bel-Abbès, — de Philippeville à Constantine, — de Bône à Guelma, — de Bône à Aïn-Mokra.

COMMERCE INTÉRIEUR DE L'ALGÉRIE. Le commerce intérieur se fait dans les magasins et les marchés. Il porte principalement sur les bestiaux et les céréales.

DÉVELOPPEMENT

COMMERCE. Par l'agriculture l'homme se procure les productions de la terre, par l'industrie il les transforme et les approprie à son usage, par le commerce il *échange* certains objets contre d'autres. Il y a eu probablement un temps où il n'y avait pas de commerce : chaque homme pourvoyait lui-même à sa nourriture, à son gîte, à son habillement ; mais de la sorte chacun était mal nourri, mal logé, peu ou point vêtu. Un beau jour on s'avisa de partager la besogne ; on s'aperçut que si l'un s'occupait du labourage, l'autre du pâturage, tel autre des constructions, le travail de chacun serait plus facile et mieux fait. C'est alors que commencèrent à exister les professions et que les échanges de services et d'objets passèrent dans l'usage. C'est là l'origine du commerce ; plus tard on inventa la monnaie qui, acceptée par tous en échange de tous les objets, plus facile à transporter que beaucoup de ces objets, rendit plus aisés et plus fréquents les rapports commerciaux.

Le commerce a commencé dans la famille ; quand le père va gagner au dehors le pain de tous, quand la mère à l'intérieur prépare les aliments et soigne la maison, il y a entre eux un échange de services, un commerce. De la famille il s'est étendu au voisinage : dans votre rue tel est boucher, tel, cordonnier, tel, maçon ; il y a entre eux échange de services et commerce. Puis les villages entre eux, les villes entre elles, les différentes régions d'un même pays, les différents pays se sont mis en relations à leur tour : le commerce est devenu universel.

L'utilité du commerce est évidente, qu'il se fasse entre les habitants d'une même commune, les régions d'un même pays ou les différents pays du monde. Par exemple, Biskra produit surtout des dattes, la plaine de Batna surtout du blé. Il est à la fois agréable et salutaire de varier un peu l'alimentation. Les gens de Biskra donnent une partie de leurs dattes et mangent des dattes et du pain ; les gens de Batna donnent une partie de leur blé et mangent du pain et des dattes. Autre exemple : l'Algérie, prise dans son ensemble, produit en abondance les céréales, mais elle n'a pas une industrie suffisante pour produire tous les vêtements dont ses habitants ont besoin. S'il n'y avait point de commerce, les hommes qui vivent en Algérie auraient trop de blé pour leur consommation, mais point de vêtements. Grâce au commerce, la France, en échange des céréales que l'Algérie a de reste, lui envoie des tissus fabriqués par son industrie.

Commerce intérieur et extérieur. On distingue deux genres de commerce, le commerce *intérieur* et le commerce *extérieur*. Le commerce intérieur est l'ensemble des échanges entre les habitants d'un même pays, le commerce extérieur est l'ensemble des échanges entre un pays et les pays étrangers.

VOIES DE COMMUNICATION. Pour faire des échanges, il faut que les hommes puissent être en relations. Il faut qu'ils aillent les uns chez les autres et transportent à la fois leur personne et leurs marchandises. Trois conditions sont nécessaires à l'existence et au développement du commerce dans un pays : la *Sûreté*, il faut que le marchand ne craigne point d'être attaqué et dépouillé; la *Facilité,* il faut que le marchand puisse amener ses objets sans trop de peine et sans trop de dépense; la *Vitesse,* il est bon que les marchandises arrivent rapidement à destination. La *Sûreté* existe dans un pays bien organisé et bien gouverné; la *Facilité* et la *Vitesse* des transports sont obtenues au moyen des routes.

Dans les pays où existent des fleuves et des rivières navigables, les cours d'eau forment des *routes naturelles* et singulièrement commodes : *des chemins qui marchent.* En Algérie, on ne trouve actuellement aucun fleuve qui présente les conditions de largeur, de profondeur et de régularité dont a besoin la navigation.

Restent les routes de terre. Une route, c'est d'abord une ligne indiquée par une suite de points de repère allant d'une localité à une autre. Les routes du désert ne sont pas autre chose. Dans les pays très-habités et civilisés, on fait mieux : on trace la route, on la débarrasse des obstacles qui l'encombrent, on s'efforce de la rendre praticable non pas seulement pour les hommes, mais aussi pour les bêtes de somme et les voitures. On l'empierre pour qu'elle soit solide, on l'entretient pour que les pluies ne la défoncent point. Des routes bien tracées et bien entretenues sont déjà, pour un pays, d'excellentes voies de communication.

Mais les routes ordinaires, si bonnes qu'elles soient, ne peuvent présenter les conditions de rapidité et de bon marché qu'offrent les voies ferrées. Les chemins de fer actuels sont le produit de deux découvertes. On a d'abord imaginé d'établir des lignes de fer dans lesquelles s'emboîteraient les roues des voitures. De cette façon la traction était plus facile pour le cheval. Nous voyons fonctionner ce système de locomotion sous le nom de *tramway*. Plus tard seulement l'on s'avisa de remplacer le cheval par une autre force : la vapeur. La vapeur d'eau, si on la renferme, exerce une pression ; au moyen de machines ingénieusement construites on a utilisé cette pression qui entraîne, dans un mouvement rapide et cependant régulier, des fardeaux considérables. Les lignes de fer ou rails forment le chemin sur lequel la locomotive fait marcher avec elle les trains de voyageurs et de marchandises.

Les routes, les chemins de fer sont les grands moyens de communication. Les postes, qui en se servant des routes et des chemins de fer transmettent les lettres, le télégraphe, qui devançant par sa rapidité la vapeur elle-même met en relations presque immédiates les plus vastes distances, sont encore les moyens de communication dont le commerce fait son profit.

Routes de l'Algérie. En Algérie, comme en France, les routes sont classées suivant leur importance en routes nationales, départementales, chemins de grande communication, vicinaux, etc. Il y a cinq routes nationales. Deux de ces routes relient entre eux les chefs-lieux des départements algériens, trois autres partant de ces chefs-lieux se dirigent vers le sud; les deux premières sont : la route qui va d'Alger à Oran en passant par Orléansville et Relizane ; la route qui va d'Alger à Constantine en passant par l'Alma, Palestro,

Beni-Mansour, Sétif. D'Alger part, vers le sud, la route de Laghouat qui atteint cette ville après avoir passé à Blida, Médéa, Boghari, Djelfa. D'Oran part, vers le sud, une route qui ne va que jusqu'à Tlemcen. De Constantine part une route qui se dirige sur Biskra en passant par le Kroubs, Batna, El-Kantara.

Sur ces grandes lignes s'embranchent les routes départementales qui, dans l'intérieur d'un même département, font communiquer entre elles les villes importantes.

CHEMINS DE FER DE L'ALGÉRIE. Le réseau des routes algériennes est encore loin d'être achevé et déjà les voies ferrées commencent à sillonner le pays. Des lignes qui existent actuellement, la plus importante pour l'étendue de son parcours est celle d'Alger à Oran. Elle n'a pas moins de 420 kilomètres ; sa direction est généralement parallèle à la côte. Pour la tracer, on a profité de la route naturelle ouverte par la longue vallée du Chéliff, puis par les plaines de la Macta et du Sig. Partant d'Alger, le chemin de fer se dirige d'abord vers l'est pour tourner l'obstacle montagneux qui se présente à l'ouest et au sud. Il tourne ensuite au sud et traverse la Mitidja en passant par Boufarik et Blida. Il prend alors la direction de l'ouest, touche à Affreville, au bas de Miliana, à Orléansville, à Relizane, à St-Denis-du-Sig et atteint enfin Oran.

Sur cette ligne importante, dirigée dans le sens de la côte, doivent se greffer des lignes secondaires non plus parallèles mais perpendiculaires au rivage, mettant par conséquent les villes du littoral en communication avec celles de l'intérieur. De ces lignes, une est construite : c'est celle qui part de Sainte-Barbe du Tlélat, station du chemin de fer d'Oran et qui va à Sidi-bel-Abbès. Le parcours de cette ligne est de 50 kilomètres, elle doit être prolongée jusqu'à Tlemcen.

Alger communique donc par chemin de fer avec le département de l'ouest. Du côté de l'est il n'en est point de même. Il n'existe point actuellement de ce côté de chemin de fer parallèle au littoral. Cela tient à la nature même du pays. Entre Alger et Constantine point de vallée du Chélif; pour tracer une voie ferrée, il faut ou bien s'engager dans les difficiles montagnes de la Kabylie, ou bien les éviter en faisant un détour immense vers le sud. Si graves que soient ces obstacles on arrivera cependant à en triompher, et le chemin de fer d'Alger à Constantine, aujourd'hui à l'état de projet, sera bientôt un fait accompli.

En attendant il faut aller dans la partie orientale du département de Constantine pour trouver des voies ferrées. Il y a la ligne de Constantine à Philippeville qui met le chef-lieu en communication avec la mer. Cette ligne, qui n'a qu'un développement de 87 kilomètres, est un remarquable ouvrage où l'art de l'ingénieur a su triompher des difficultés du terrain. Plus loin, à l'est, se trouve une autre ligne perpendiculaire elle aussi au rivage, qui a à peu près le même développement que la précédente : c'est celle de Bône à Guelma. Il faut citer aussi la petite ligne de Bône à Aïn-Mokra, destinée surtout à l'exploitation des mines.

Postes et télégraphes de l'Algérie. Le service des postes algériennes se sert des chemins de fer partout où ils existent, des routes partout où il y a des routes. Là même où on ne trouve ni chemins de fer ni routes, il se fait cependant par des courriers à cheval. De même, le télégraphe met en relations toutes les parties de l'Algérie.

COMMERCE INTÉRIEUR DE L'ALGÉRIE. C'est grâce aux voies et moyens de communication que se fait le commerce intérieur de l'Algérie. Dans les villes habitées par les Européens, ce commerce se fait dans les magasins ou boutiques et dans des marchés permanents. Dans les villages et les localités indigènes, il y a des marchés à jour fixe. Certains de ces marchés sont consacrés à tel commerce spécial; la plupart sont l'occasion d'échanges de toute sorte.

Chez les Européens, aussi bien que chez les Indigènes, le commerce de détail porte sur les denrées alimentaires, les objets d'habillement, les outils et instruments de travail, etc. Quant au commerce en gros, comme l'Algérie est actuellement surtout un pays de pâturage et d'agriculture, il porte sur les bestiaux et les céréales.

Questionnaire.

Qu'est-ce que le commerce ?

A quoi sert le commerce ?

Qu'est-ce que le commerce intérieur ?

Qu'est-ce que le commerce extérieur ?

Qu'est-ce que les voies de communication ?

Qu'est-ce qu'une route ?

Qu'est-ce qu'un chemin de fer ?

Quelles sont les routes nationales de l'Algérie ?

Quelles sont les lignes de chemin de fer de l'Algérie ?

Où se fait le commerce intérieur de l'Algérie ?

Sur quels articles porte le commerce intérieur de l'Algérie ?

XVIIe LEÇON

—

RÉSUMÉ

COMMERCE EXTÉRIEUR. Le commerce extérieur est l'ensemble des échanges faits avec les pays voisins ou étrangers.

VOIES DE COMMUNICATION. Les voies de communication par route de terre ne sont que des chemins de caravanes ; les principales communications de l'Algérie avec le dehors ont lieu par mer.

PORTS DE MER. Les ports de l'Algérie sont, dans le département d'Alger : *Alger, Dellys, Ténès, Cherchell ;* dans le département de Constantine : *Philippeville, Bône, La Cale, Bougie, Djidjelli, Collo* et *Stora ;* dans le département d'Oran : *Oran, Arzeu, Mostaganem, Nemours* et *Mers-el-Kebir.*

GRANDES LIGNES DE NAVIGATION. Les principales sont celles qui relient Marseille à Alger, à Oran, à Philippeville et à Bône ; celle qui met en communication Alger et le Hâvre; celle qui fait communiquer entre eux les différents ports de l'Algérie.

POSTES ET TÉLÉGRAPHES. Les postes se servent des lignes de navigation établies; le télégraphe se sert de deux câbles, dont l'un va de Marseille à Alger, l'autre de Marseille à Bône.

COMMERCE EXTÉRIEUR. Le commerce extérieur de l'Algérie se fait surtout avec la France, l'Angleterre, l'Espagne, l'Italie, la Tunisie, le Maroc. Il se compose de l'importation et de l'exportation.

Importation. L'Algérie importe du riz, des pommes de terre, du sucre, du café, des vins, des eaux-de-vie, des tissus, de la houille, des ouvrages en métal.

Exportation. L'Algérie exporte des céréales, des légumes, des fruits, des bêtes à laine, du minerai, des alfas.

DÉVELOPPEMENT

COMMERCE EXTÉRIEUR. Le commerce extérieur ne diffère du commerce intérieur que parce qu'il comprend les échanges faits avec les pays étrangers. Il a besoin d'ailleurs des mêmes conditions pour s'établir et prospérer. La première de ces conditions, c'est encore l'existence des voies de communication.

Voies de communication. Pour les relations extérieures, comme pour le commerce intérieur, les transports peuvent se faire, soit par les routes ordinaires, soit par les voies ferrées. Dans les pays baignés par la mer, on a en outre les routes maritimes. Les communications par mer, qui paraissent au premier abord si difficiles, sont en réalité les plus faciles à établir et dans bien des cas les plus commodes et les moins coûteuses. Sur la mer, en effet, on n'a point besoin de tracer et d'entretenir des routes, point besoin de poser des rails pour créer une voie ferrée; on n'a point à redouter les hostilités de populations barbares ou ignorantes, on n'a pas à craindre les fatigues et les maladies qui, dans certaines contrées, menacent le voyageur. Le danger de la piraterie, ce brigandage de mer, est écarté presque partout; les naufrages sont devenus de tristes mais rares exceptions; les lenteurs et les ennuis des traversées ont été réduits presque à rien depuis que la vapeur a prêté à l'homme, sur mer comme sur terre, sa souveraine puissance. Plus de sûreté pour le voyageur et surtout pour les marchandises, souvent plus de rapidité, toujours plus de bon marché dans les transports : voilà les avantages inappréciables que présentent les routes de mer.

Communications de l'Algérie avec le dehors. L'Algérie communique avec les pays qui l'avoisinent. Comme elle est entourée de trois côtés par des frontières de terre et de l'autre côté par la mer, elle peut entretenir des relations commerciales par routes de terre et par routes de mer.

Communications par routes de terre. La situation politique et économique des pays limitrophes de l'Algérie, les difficultés matérielles se sont opposées jusqu'ici à ce qu'il y eût de véritables routes. Avec les contrées du Sud, l'Algérie ne communique et ne communiquera bien longtemps que par les chemins de caravanes. Ce ne sont point là des routes véritables, mais de simples directions indiquées par la présence des oasis et des puits. Avec la Tunisie et le Maroc, les voies de communication par terre ne sont guère en meilleur état; ce sont de simples chemins muletiers. Les transactions importantes se font par mer. Mais il est question de construire un chemin de fer qui irait du Maroc à la Tunisie, en passant par l'Algérie. Quand ce grand ouvrage aura été exécuté, on pourra dire qu'il existe de véritables voies de communication par terre entre l'Algérie et ces deux pays si importants par le chiffre de leur population et la quantité de leurs productions.

Communications par routes de mer. Les véritables voies de communication entre l'Algérie et l'extérieur, ce sont les routes de mer. Par les routes de mer, elle est en relations non-seulement avec la Tunisie ou le Maroc, mais encore avec l'Europe civilisée : Espagne, Italie, Angleterre, etc., et surtout avec la France, sa métropole. Même si on ne tenait pas compte de la plus grande facilité des communications, on comprendrait encore que c'est du côté de la mer que doit porter le grand effort commercial de l'Algérie.

Ports. Les routes de mer ont pour points de départ et d'arrivée les ports. Les ports sont pour la navigation ce que sont les gares pour les chemins de fer. Là s'embarquent les voyageurs et les marchandises qui partent pour l'Étranger, là débarque ce qui vient de l'Étranger. Seulement l'on peut construire les gares à peu près où l'on veut; la chose est plus difficile quand il s'agit d'un port. Il ne suffit pas qu'un port soit situé à proximité d'une ville importante ou d'un pays de grande production agricole et industrielle, il faut encore bien d'autres conditions. Tout d'abord, il faut qu'un port soit bien abrité pour pouvoir protéger contre le vent et les lames les navires qu'il contient. Il faut ensuite qu'il soit profond pour que ses eaux supportent des navires de grande dimension; il faut que l'entrée du port soit assez étroite pour ne pas laisser passer les colères de la mer, assez large pour que les navires y pénètrent sans danger. La sûreté, la profondeur, la facilité des abords et aussi la grandeur, telles sont les qualités nécessaires pour un port.

PORTS DE L'ALGÉRIE. Les ports de l'Algérie sont généralement très-loin de posséder tous ces avantages. Heureusement, l'industrie humaine peut corriger l'œuvre imparfaite de la nature. L'art de l'ingénieur fait sauter les rochers qui encombrent la passe, fortifie par des jetées la barrière insuffisante opposée à la mer, élargit, approfondit le port. De grands travaux ont été déjà exécutés dans les principaux ports de l'Algérie : Alger, Oran, Philippeville, ont été considérablement améliorés. Il reste cependant beaucoup à faire.

L'importance d'un port peut s'évaluer d'après le chiffre des affaires qui s'y font, la quantité et la valeur des marchandises qui y entrent et qui en sortent. Si l'on se place à ce point de vue, on trouve que les trois départements algériens sont assez inégalement partagés. Le département d'Alger n'a qu'un port important, celui d'Alger, auquel, depuis quelques années, Oran semble enlever le premier rang. Dellys, Cherchell et Ténès, situés dans le même département, ont un mouvement d'affaires relativement insignifiant. Dans le département de Constantine, Philippeville n'a point l'importance d'Alger ni d'Oran; mais Bône tient un rang honorable dans la navigation algérienne; La Cale et Bougie, beaucoup moins importants, ont cependant quelque mouvement; Djidjelli, Collo, Stora, sont plus animés que les petits ports du département d'Alger. Dans le département d'Oran, le chef-lieu devient la première ville maritime et commerciale de l'Algérie, Arzeu et Mostaganem semblent appelés à un très-grand développement; la petite ville de Nemours a pris quelque vie.

Grandes lignes de navigation. Des principaux de ces ports partent les grandes lignes de navigation qui font communiquer l'Algérie avec la France et les autres contrées civilisées. Le service de ces lignes est fait par les paquebots ou bateaux à vapeur qui transportent, avec une rapidité étonnante et une sûreté presque complète, les passagers, les marchandises et les dépêches. Les quatre ports importants, Alger, Oran, Philippeville et Bône, sont reliés directement à Marseille par les départs et les arrivages réguliers des paquebots. Les paquebots qui font ces différents trajets appartiennent à plusieurs compagnies.

Marseille est la ville de France qui communique le plus directement et le plus fréquemment avec l'Algérie. Nous citerons encore *Cette.. Le Hâvre* est en relations avec Alger au moyen d'une ligne maritime qui passe par Oran. Des lignes parallèles à la côte font communiquer entre eux différents ports algériens et les rattachent d'un côté à la Tunisie, de l'autre au Maroc.

Indépendamment des grandes lignes de navigation et des routes suivies par les paquebots, il existe une foule de petites lignes secondaires que se tracent à eux-mêmes les nombreux bâtiments à vapeur ou à voile qui entrent dans les ports de l'Algérie ou qui en sortent. Ainsi les communications avec les principaux ports d'Espagne, ne suffisant pas à assurer les relations commerciales d'une manière complète, sont surtout entretenues par ces légers navires à voile qu'on appelle des balancelles.

POSTES ET TÉLÉGRAPHES. De même, pour les relations intérieures, les postes et les télégraphes ont un grand rôle dans les relations avec le dehors. Le service des postes est fait par les paquebots des grandes compagnies ; le service des télégraphes est assuré par l'existence de câbles sous-marins. On appelle ainsi des appareils préparés avec beaucoup de soin, qui peuvent être plongés dans l'eau et grâce auxquels les communications télégraphiques d'un rivage à l'autre se font comme en terre ferme. Deux câbles réunissent l'Algérie à la France : tous deux partent de Marseille, l'un aboutit à Alger, l'autre à Bône.

IMPORTATION ET EXPORTATION. L'existence de ces moyens de communication permet à l'Algérie d'avoir un commerce extérieur. Le commerce extérieur comprend l'importation et l'exportation. Importer veut dire porter dedans, exporter veut dire porter dehors. En d'autres termes, l'importation amène dans le pays des productions du dehors, l'exportation envoie dans d'autres contrées les productions du pays. Généralement on importe ce que l'on ne peut pas se procurer chez soi et on exporte ce qu'on a en abondance.

Importation et exportation par terre. Nous avons vu que les routes de terre qui rattachent l'Algérie aux pays limitrophes ne présentent point de grandes facilités pour les relations. Aussi le commerce de terre est-il peu important. L'Algérie exporte des articles de mercerie, des céréales, des tissus; elle importe des dattes, des peaux, des laines, des plumes d'autruche.

Commerce par mer. Le vrai commerce de l'Algérie est celui qu'elle fait par mer. Ce commerce, elle le fait pour plus des trois quarts avec la France; les autres échanges ont lieu surtout avec l'Angleterre, l'Espagne, l'Italie, la Tunisie et le Maroc.

Importation. Les principaux articles que l'Algérie tire du dehors sont ceux qu'elle n'a point chez elle: Ainsi, pour l'alimentation, le riz, la pomme de terre, le sucre, le café, qui lui manquent totalement ou qu'elle n'a pas en quantité suffisante ; les vins, les eaux-de-vie, que dans un avenir très-prochain, elle saura faire elle-même avec les produits de son sol. Pour le vêtement, comme elle n'a point encore une industrie développée, elle importe pour une valeur considérable les tissus de coton, de chanvre, de laine, de soie. Il faut encore qu'elle fasse venir du dehors la houille qu'elle n'a pas chez elle et les ouvrages en métal dont elle trouve dans ses mines la matière première, mais qu'elle ne peut encore façonner.

Exportation. A l'exportation nous voyons figurer tous les articles que l'Algérie produit en abondance et qu'elle ne pourrait consommer entièrement. D'abord les céréales, puis les légumes, les fruits, qu'elle cultive presque en toute saison. Elle expédie aussi pour l'alimentation les bêtes à laine qu'elle élève par immenses troupeaux dans la région des plateaux. Les minerais, surtout le minerai de fer, et enfin les alfas que l'industrie européenne emploie en quantité, tiennent aussi une grande place dans le mouvement d'exportation.

MOUVEMENT GÉNÉRAL. On appelle *mouvement général du commerce* le total de l'exportation et de l'importation réunies. Le mouvement général du commerce de l'Algérie s'élevait en 1875 à environ 340 millions de francs, dont environ 195 pour l'importation et 145 pour l'exportation. Il est à remarquer que le chiffre des importations dépasse toujours celui des exportations : cela tient à ce que l'Algérie, pays encore neuf, consomme plus qu'elle ne produit; mais les exportations vont en augmentant, et l'accroissement même du chiffre des importations, en montrant que les besoins se multiplient, prouve que la civilisation se développe et progresse.

Questionnaire.

Qu'est-ce que le commerce extérieur ?

Quels sont les avantages des routes maritimes ?

Quelles sont les routes de terre par lesquelles l'Algérie communique avec les pays voisins ?

Qu'est-ce qu'un port ?

Quels sont les ports de l'Algérie ?

Quelles sont les grandes lignes de navigation entre l'Algérie et les pays voisins ?

Qu'est-ce que l'exportation et l'importation ?

Avec quels pays se fait le commerce extérieur de l'Algérie ?

Quels sont les principaux articles importés ?

Quels sont les principaux articles exportés ?

FIN

TABLE DES MATIÈRES